MOTS-MÊLÉS & LABYRINTHES

PARCOURS D'APPRENTISSAGE

COLLECTION : LES INDISPENSABLES

SOURATE AL IKHLAS

ÉDITIONS
EL HABIBATNI

AL IKHLAS

L'apprentissage de l'Islam et de ses préceptes se fait dès le plus jeune âge. Petit déjà, l'enfant peut être initié de façon ludique aux différentes notions fondamentales qui lui permettront de faire ses premiers pas dans la pratique de l'Islam.

Dans cette recherche initiatique, la Collection "Les Indispensables" des Éditions EL Habibatni propose aux enfants, à travers une approche pédagogique, de se familiariser avec les mots et l'écrit tout en enrichissant leur vocabulaire et en améliorant leur orthographe.

A l'aide de grilles de mots-mêlés et de séries de labyrinthes, l'enfant découvre et apprend les mots qui composent la sourate du Noble Coran "Al Ikhlas". Puis, quelques explications simples et accessibles de la sourate sont délivrées et l'enfant est invité à tester ses connaissances. Enfin, il complète son parcours d'apprentissage grâce à plusieurs pages d'écriture dont l'objectif est de mémoriser la sourate en arabe phonétique.

Chers parents,
La compréhension des textes et des exercices de ce manuel passe par l'accompagnement de l'adulte.
Ce manuel est conçu pour être un support de transmission, une aide aux parents, permettant de faire découvrir et aimer la religion musulmane aux enfants.

L'EXERCICE DES LABYRINTHES

Le labyrinthe est un exercice permettant de développer sa logique. Pour les enfants, il permet de se repérer dans l'espace et de s'exercer au tracé, d'abord avec son doigt puis avec un crayon.

Symboliquement, le labyrinthe avec les différents chemins qu'il propose, représente la vie et chacune des directions qui nous sont proposées. Il ne tient qu'à nous de choisir d'emprunter les bonnes voies.

Sourate Al Fatiha, Verset 6 :
"Guide-nous dans le droit chemin." ("Ihdinā Aş-Şirāţa Al-Mustaqīma").

Sourate Al Fatiha, Verset 7 :
"Le chemin de ceux que Tu as comblés de faveurs, non pas de ceux qui ont encouru Ta colère, ni des égarés." ("Şirāţa Al-Ladhīna 'An`amta `Alayhim Ghayri Al-Maghđūbi `Alayhim Wa Lā Ađ-Đāllīna").
Amine

Consignes
Labyrinthes circulaires :
Le but est de rentrer dans le labyrinthe et d'en rejoindre le centre.
Labyrinthes rectangulaires :
Le but est de rentrer dans le labyrinthe, de passer par le centre, puis d'en sortir.

LABYRINTHE CIRCULAIRE N°1

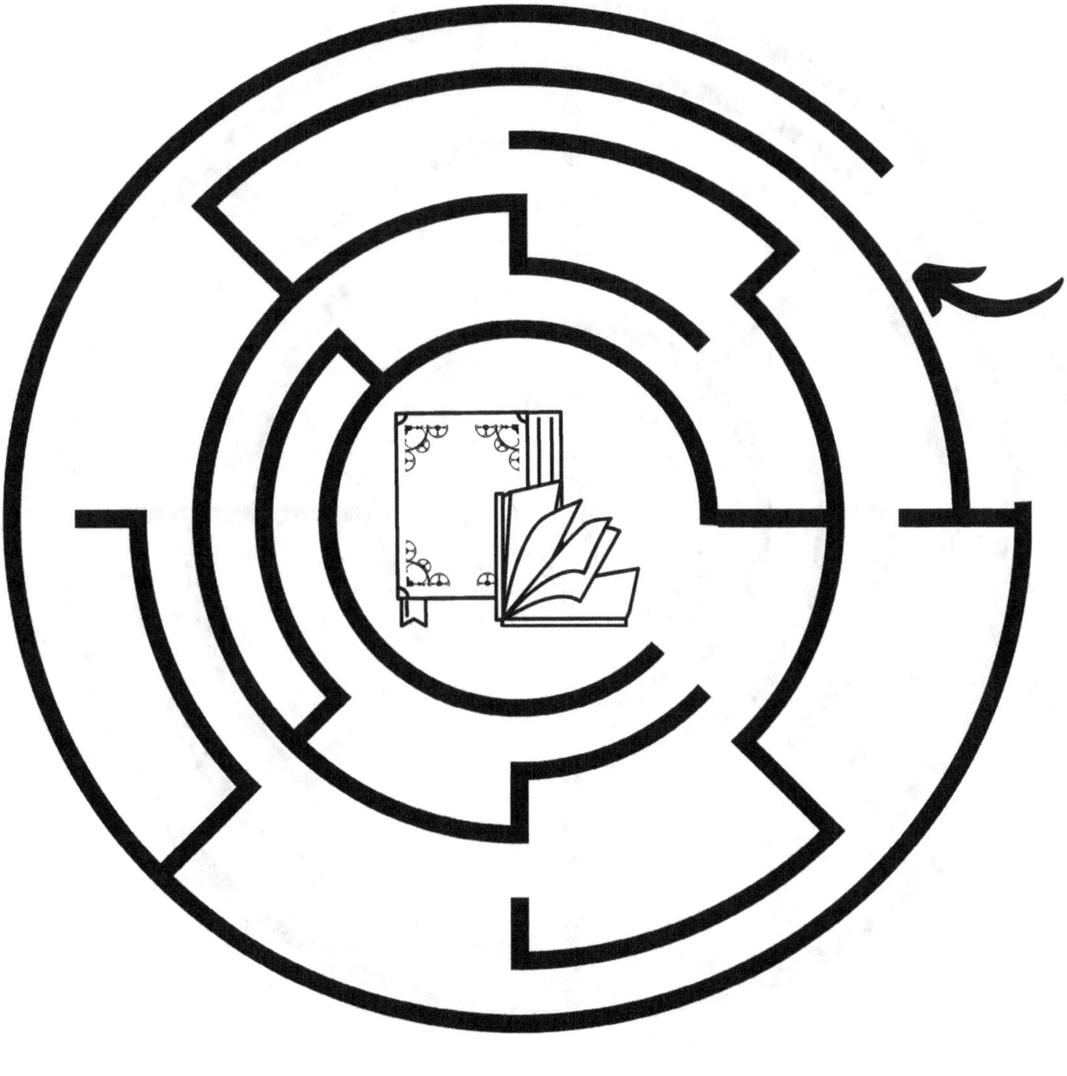

LABYRINTHE CIRCULAIRE N°2

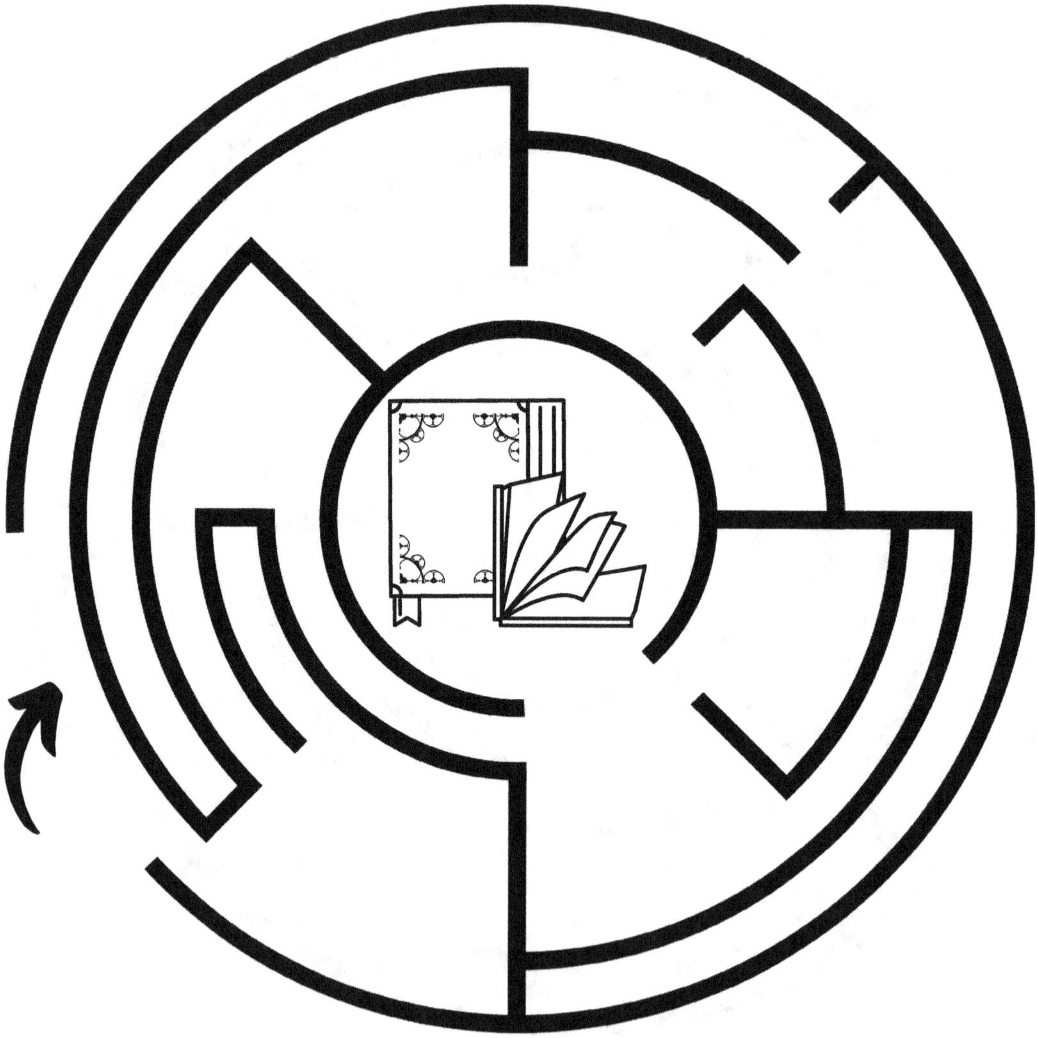

LABYRINTHE CIRCULAIRE N°3

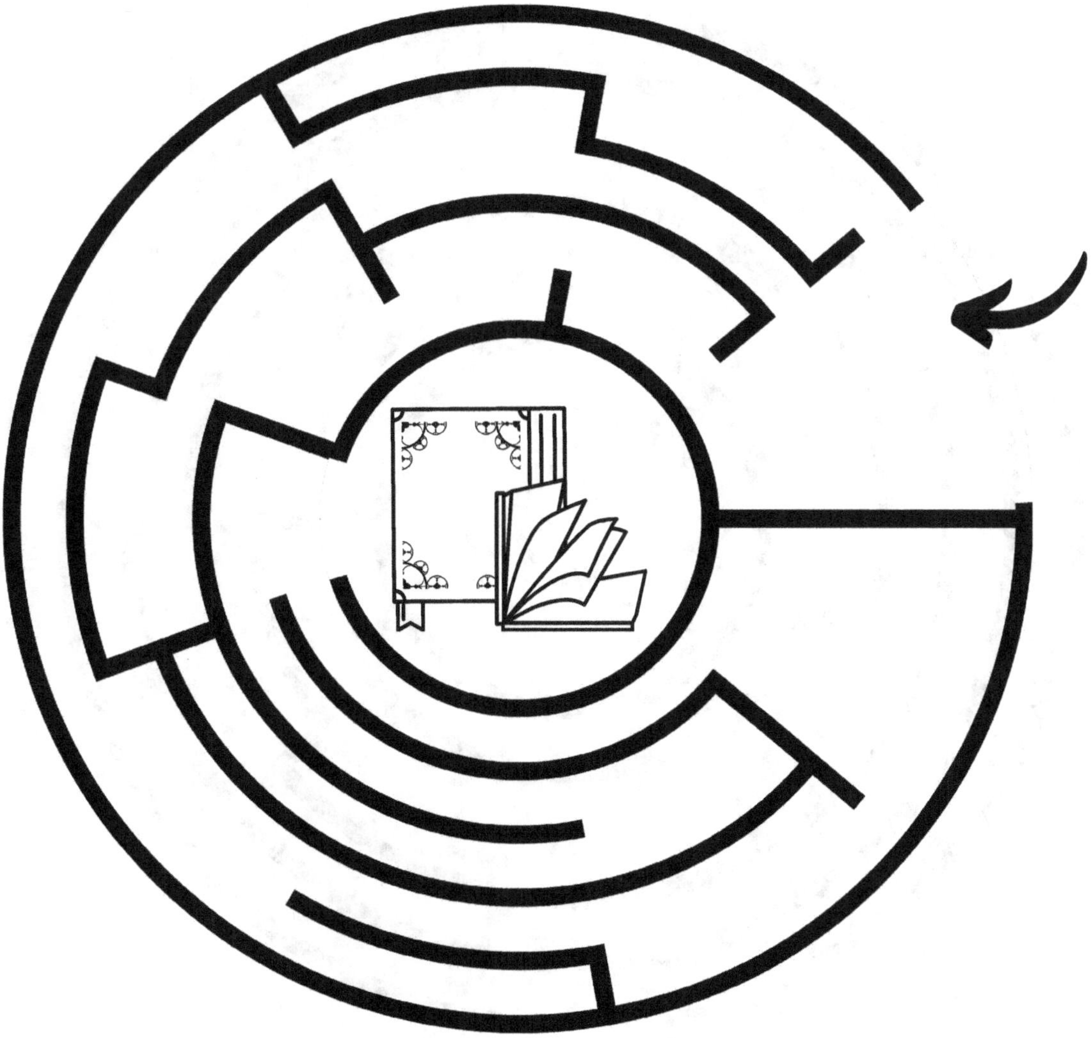

LABYRINTHE CIRCULAIRE N°4

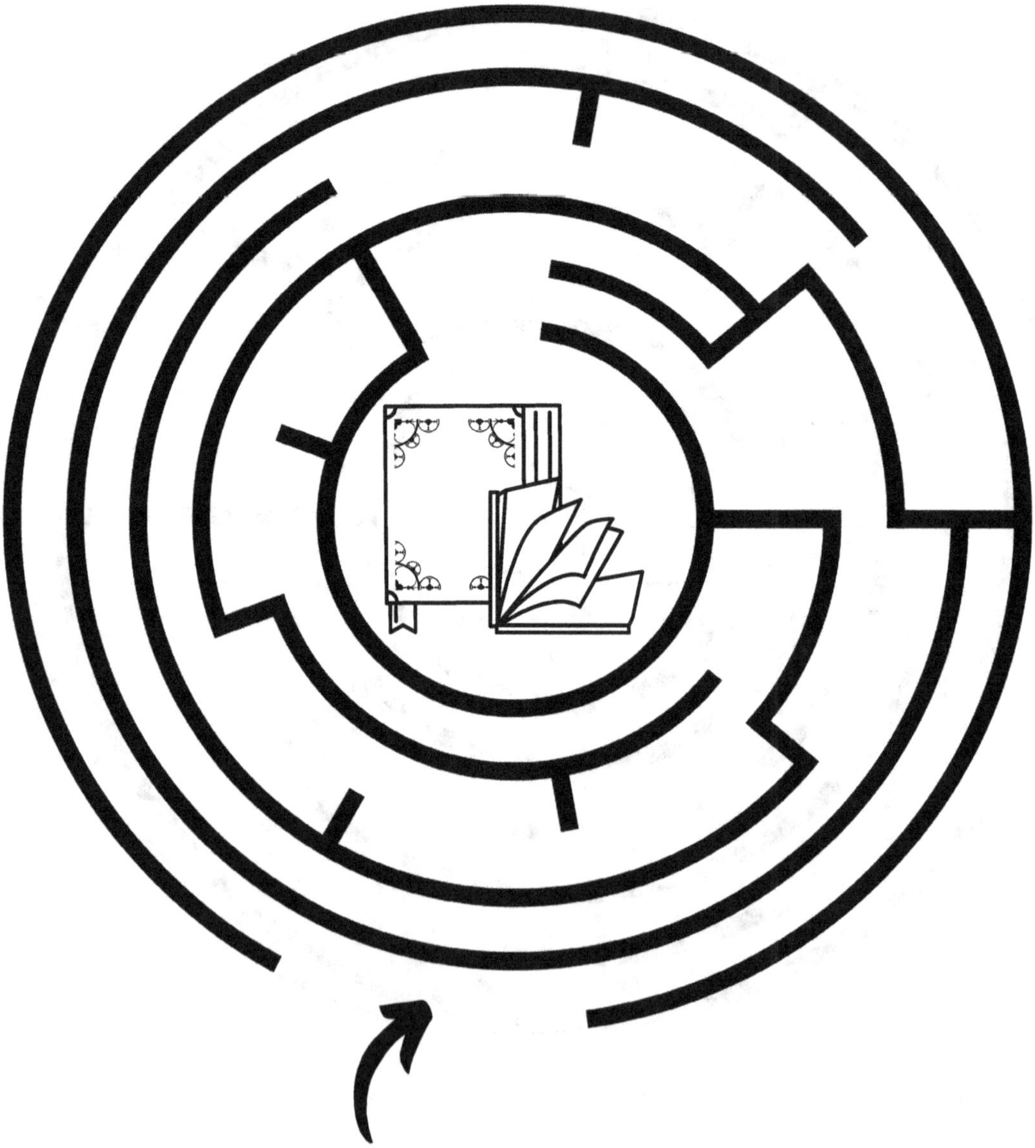

LABYRINTHE CIRCULAIRE N°5

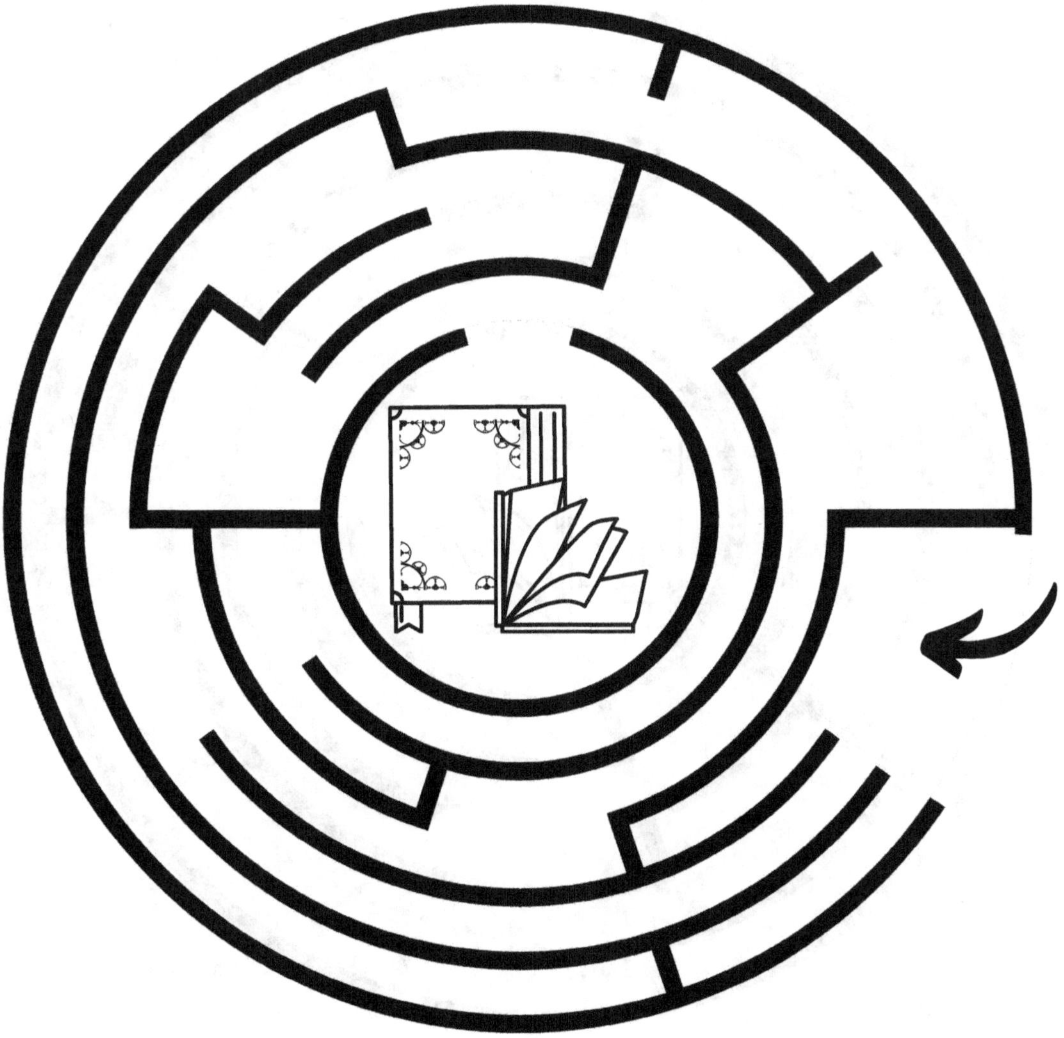

LABYRINTHE CIRCULAIRE N°6

LABYRINTHE CIRCULAIRE N°7

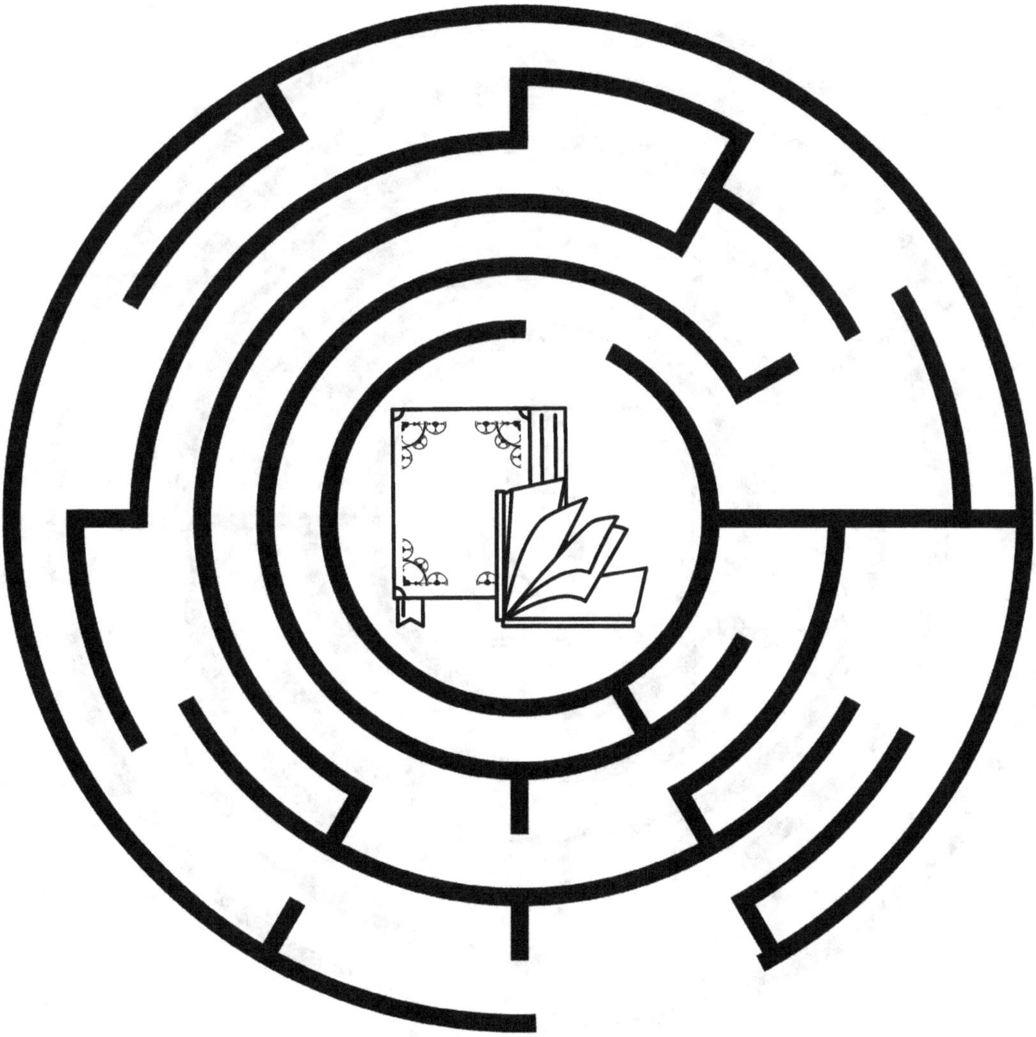

LABYRINTHE CIRCULAIRE N°8

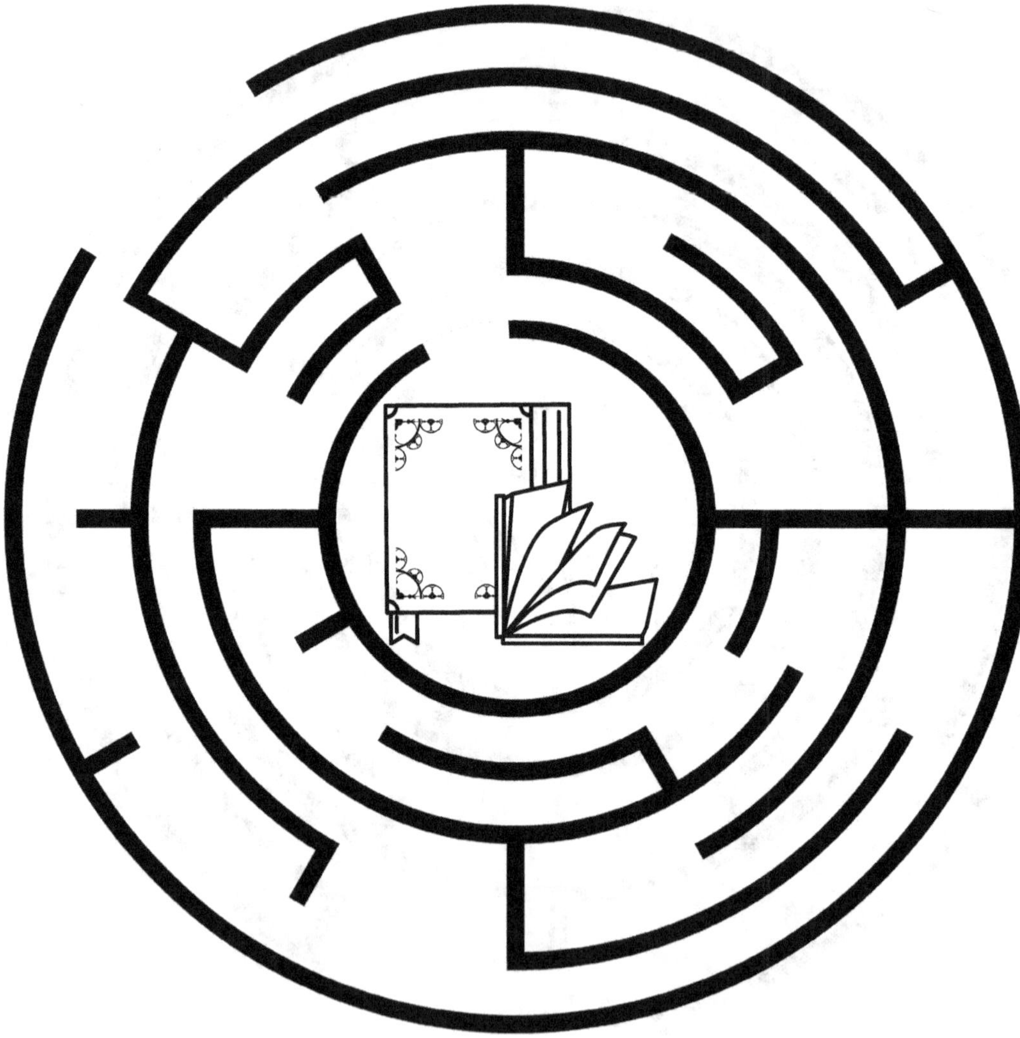

LABYRINTHE CIRCULAIRE N°9

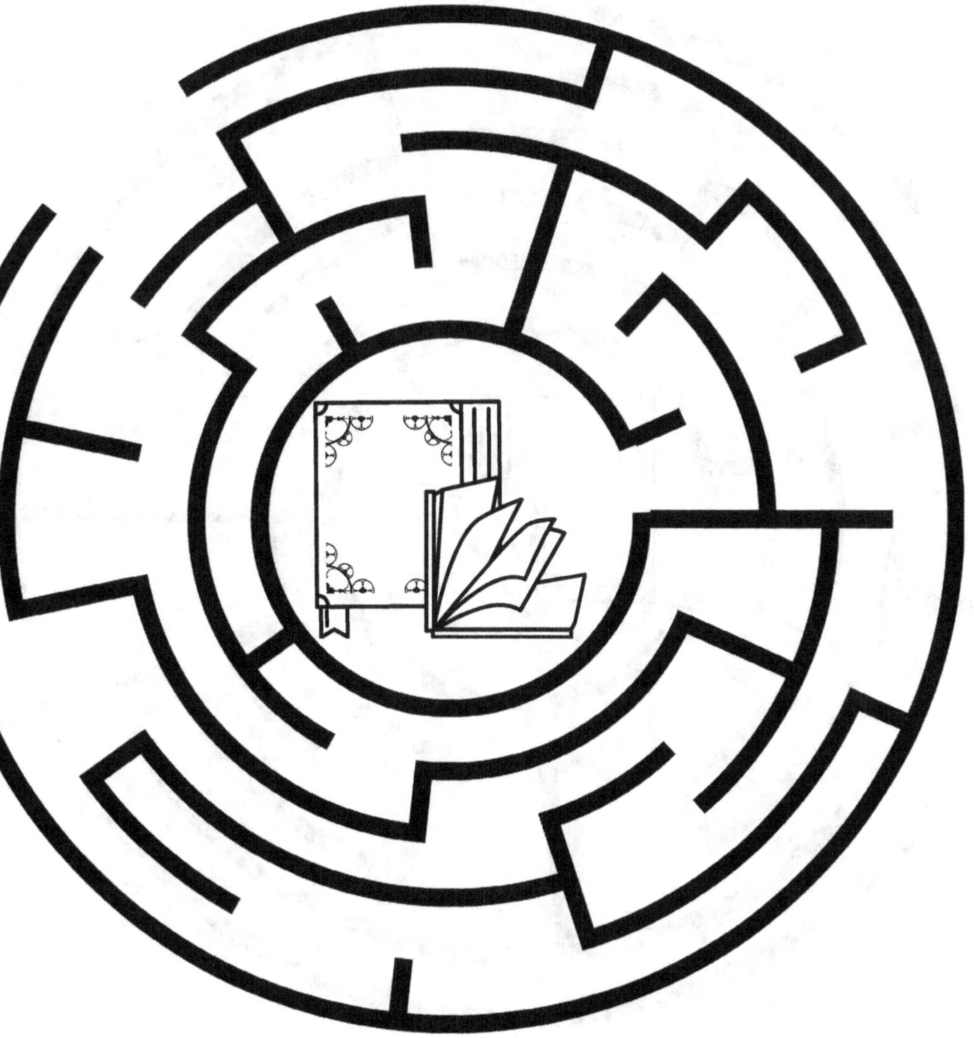

LABYRINTHE CIRCULAIRE N°10

LABYRINTHE CIRCULAIRE N°11

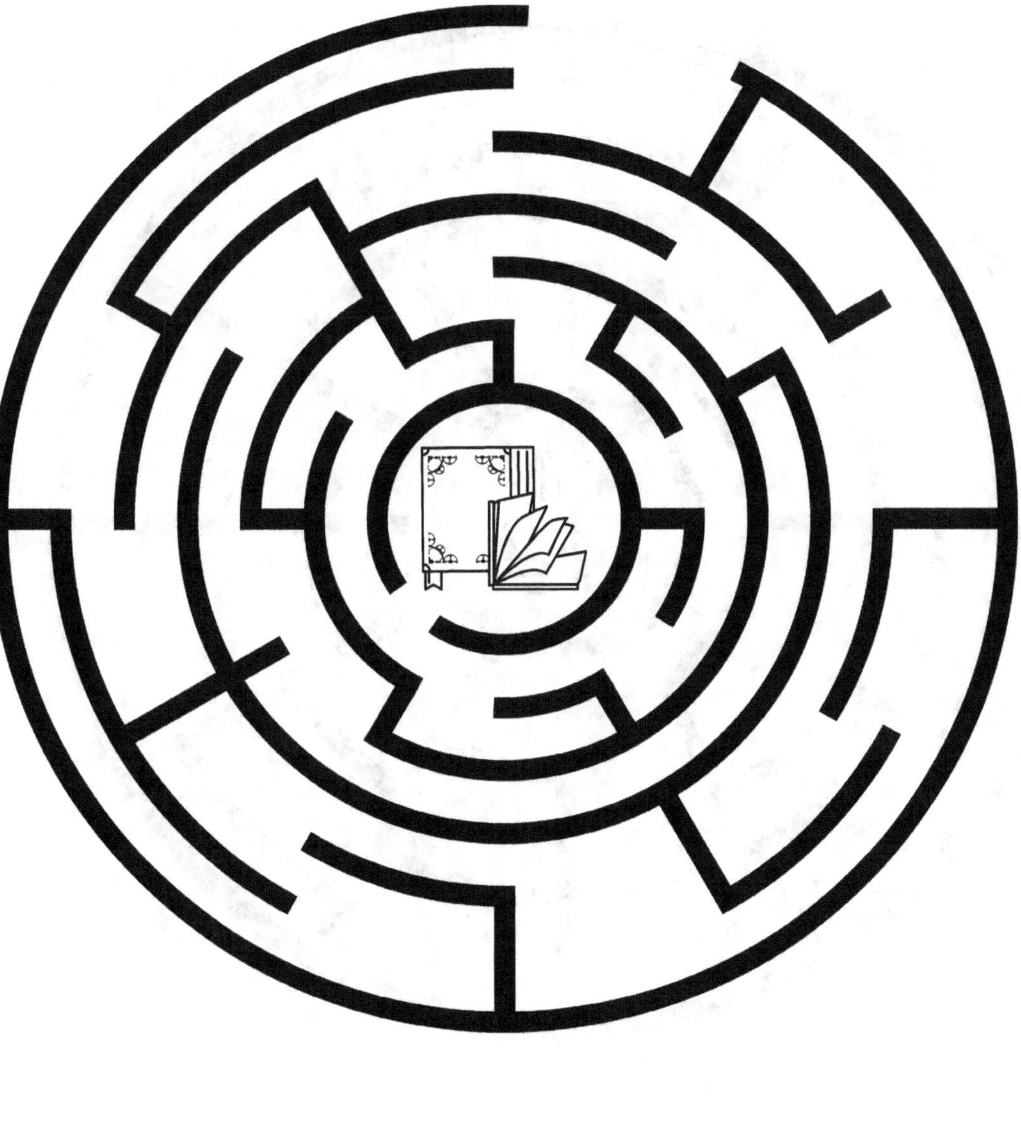

LABYRINTHE CIRCULAIRE N°12

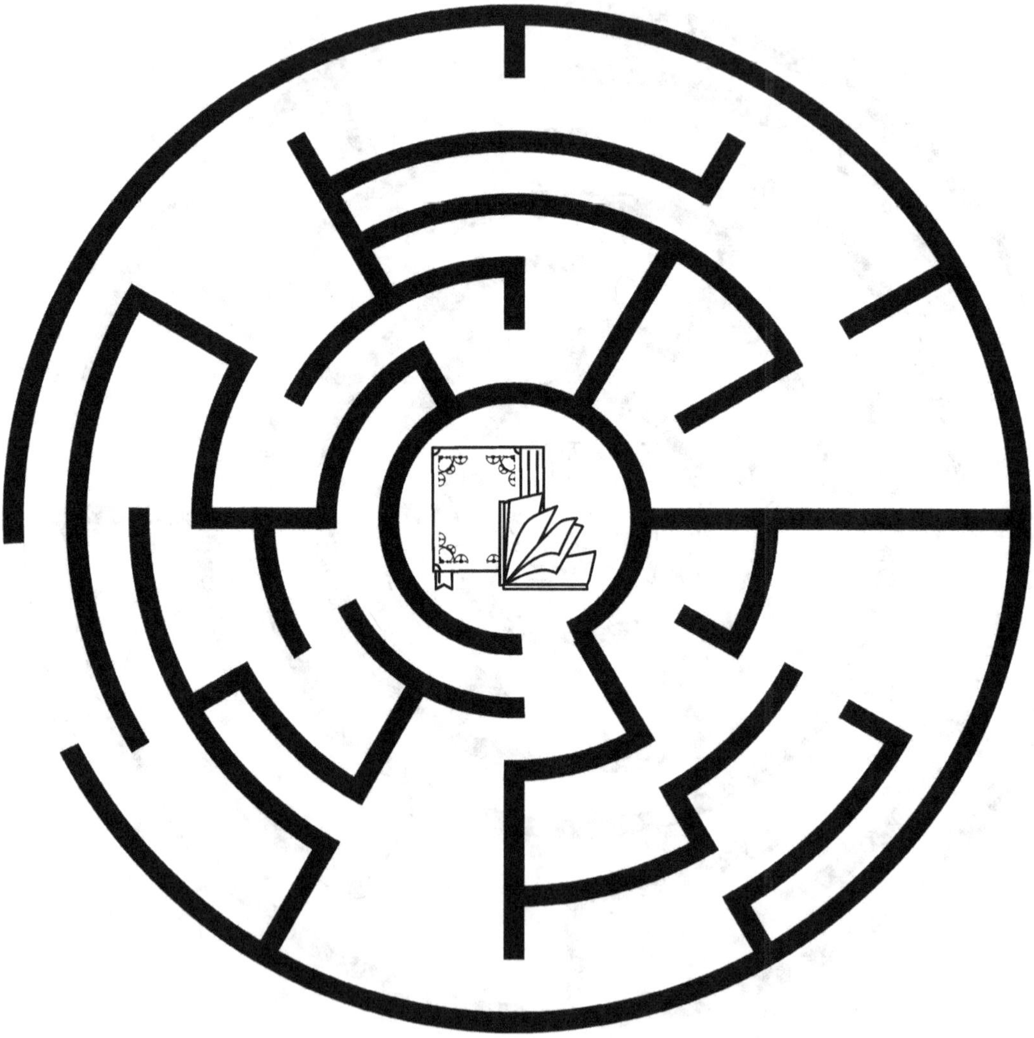

LABYRINTHE CIRCULAIRE N°13

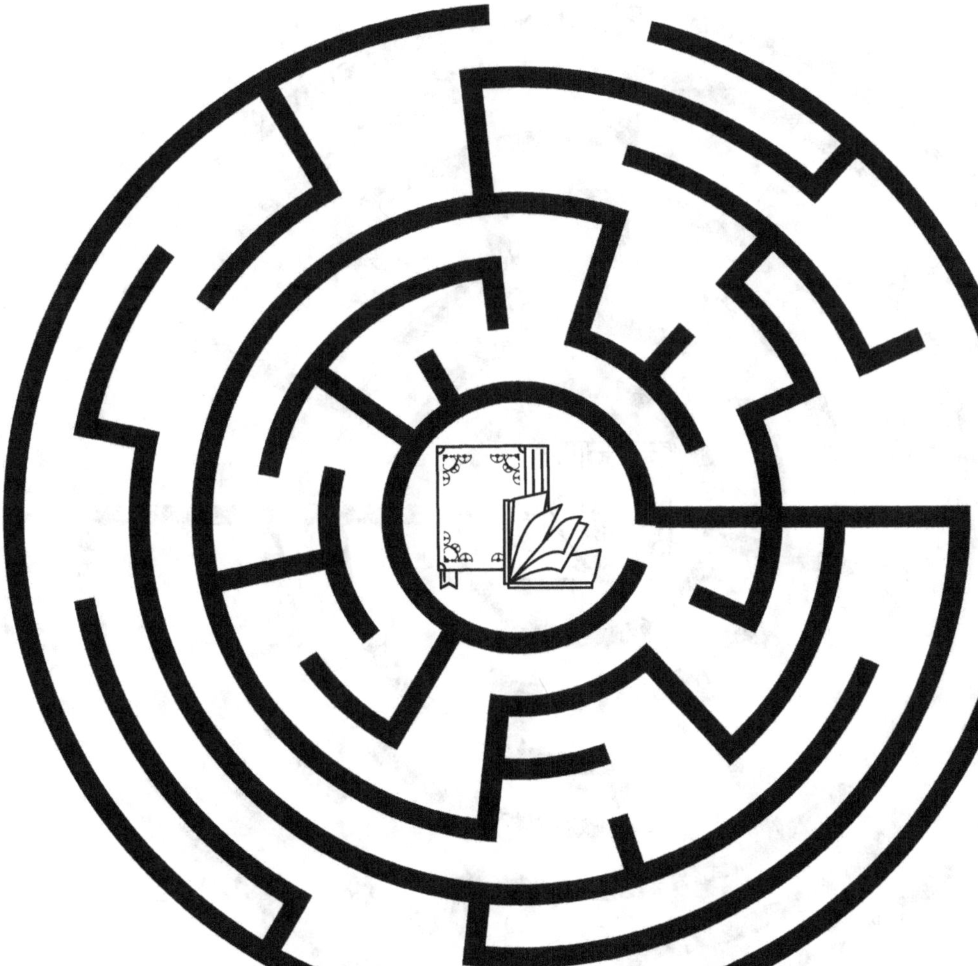

LABYRINTHE CIRCULAIRE N°14

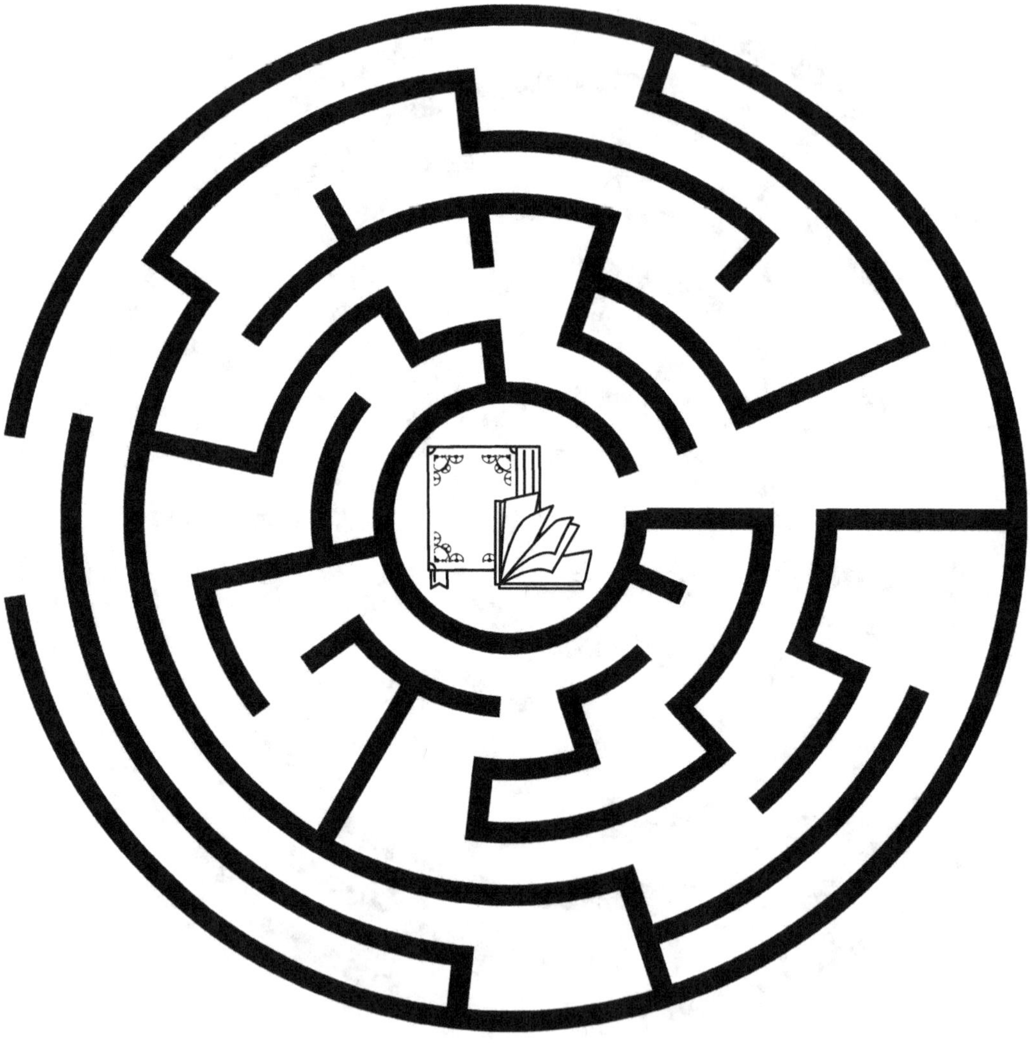

LABYRINTHE CIRCULAIRE N°15

LABYRINTHE CIRCULAIRE N°16

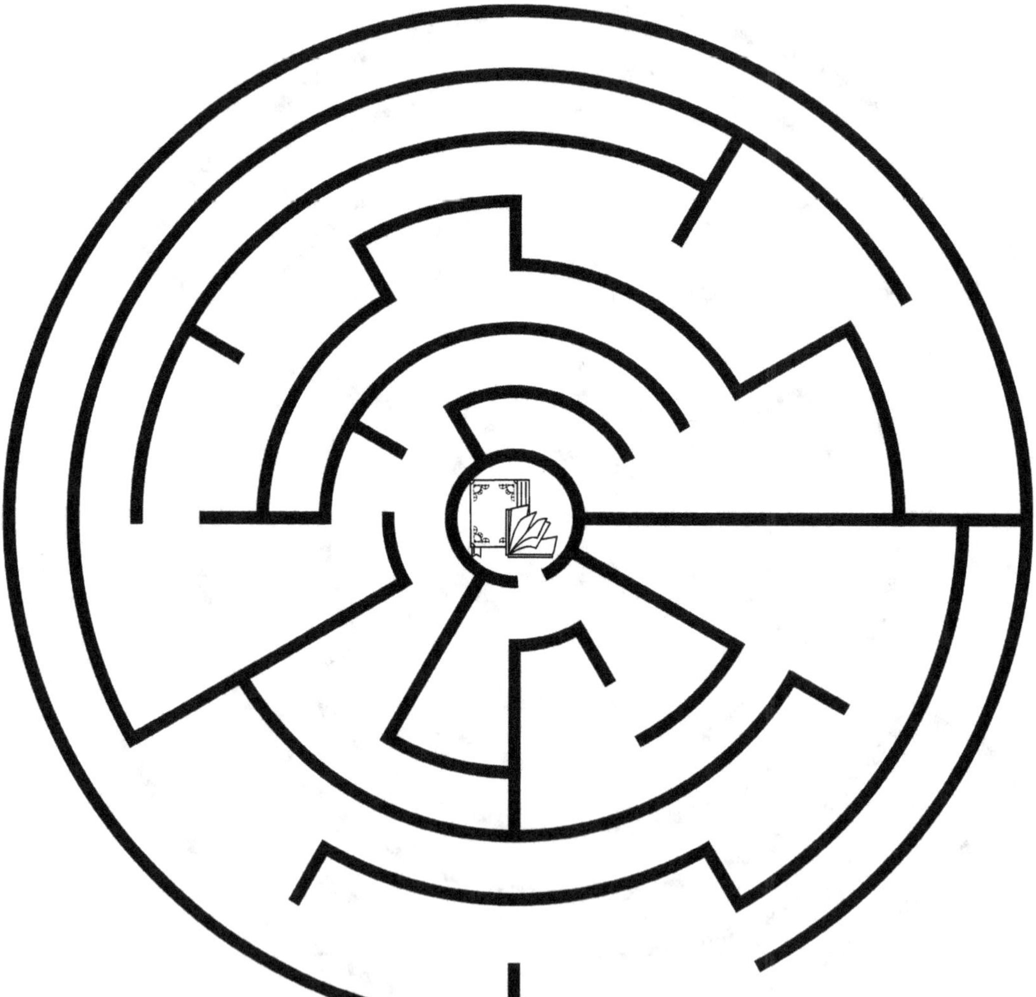

LABYRINTHE CIRCULAIRE N°17

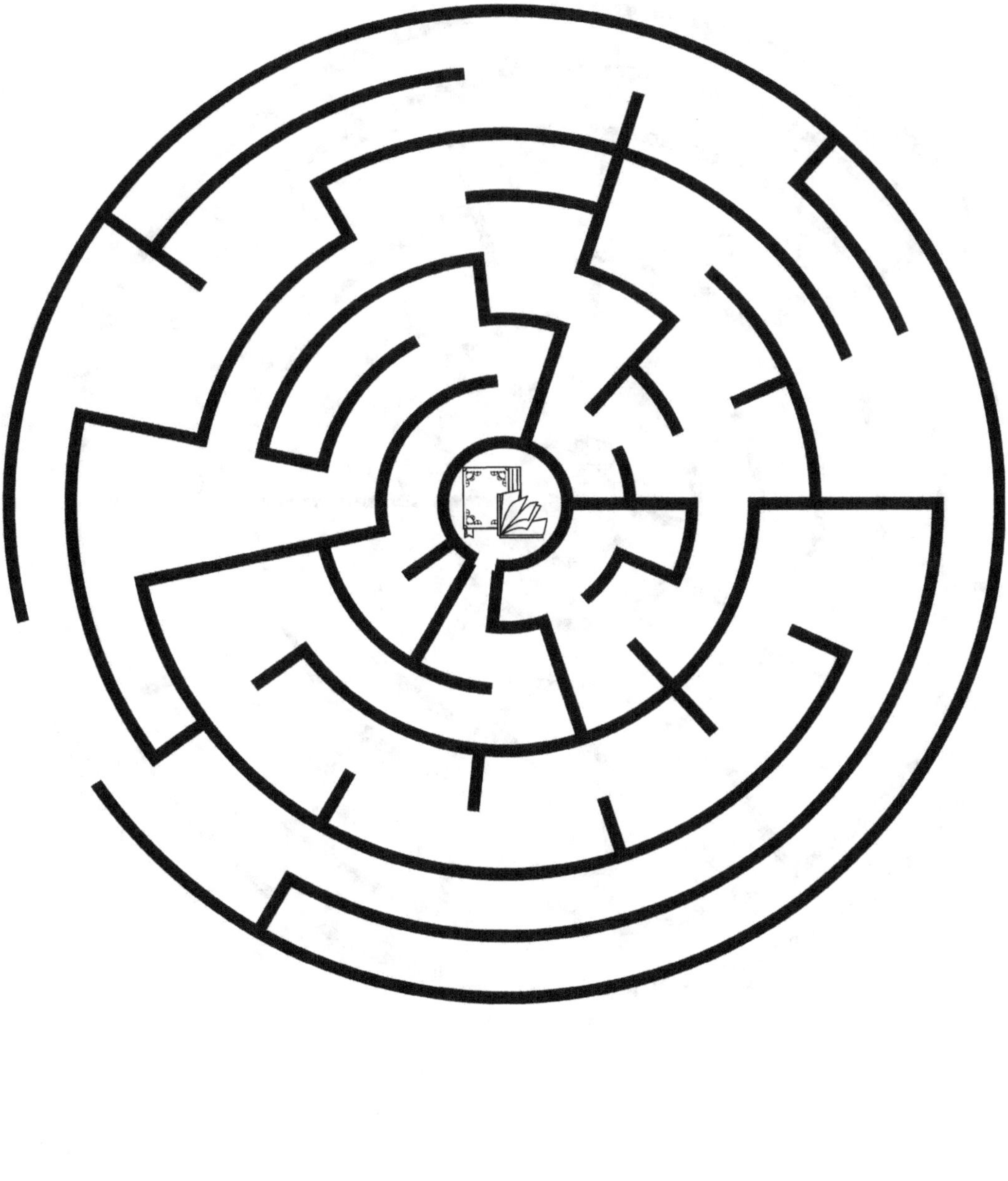

LABYRINTHE CIRCULAIRE N°18

LABYRINTHE CIRCULAIRE N°19

LABYRINTHE RECTANGULAIRE N°1

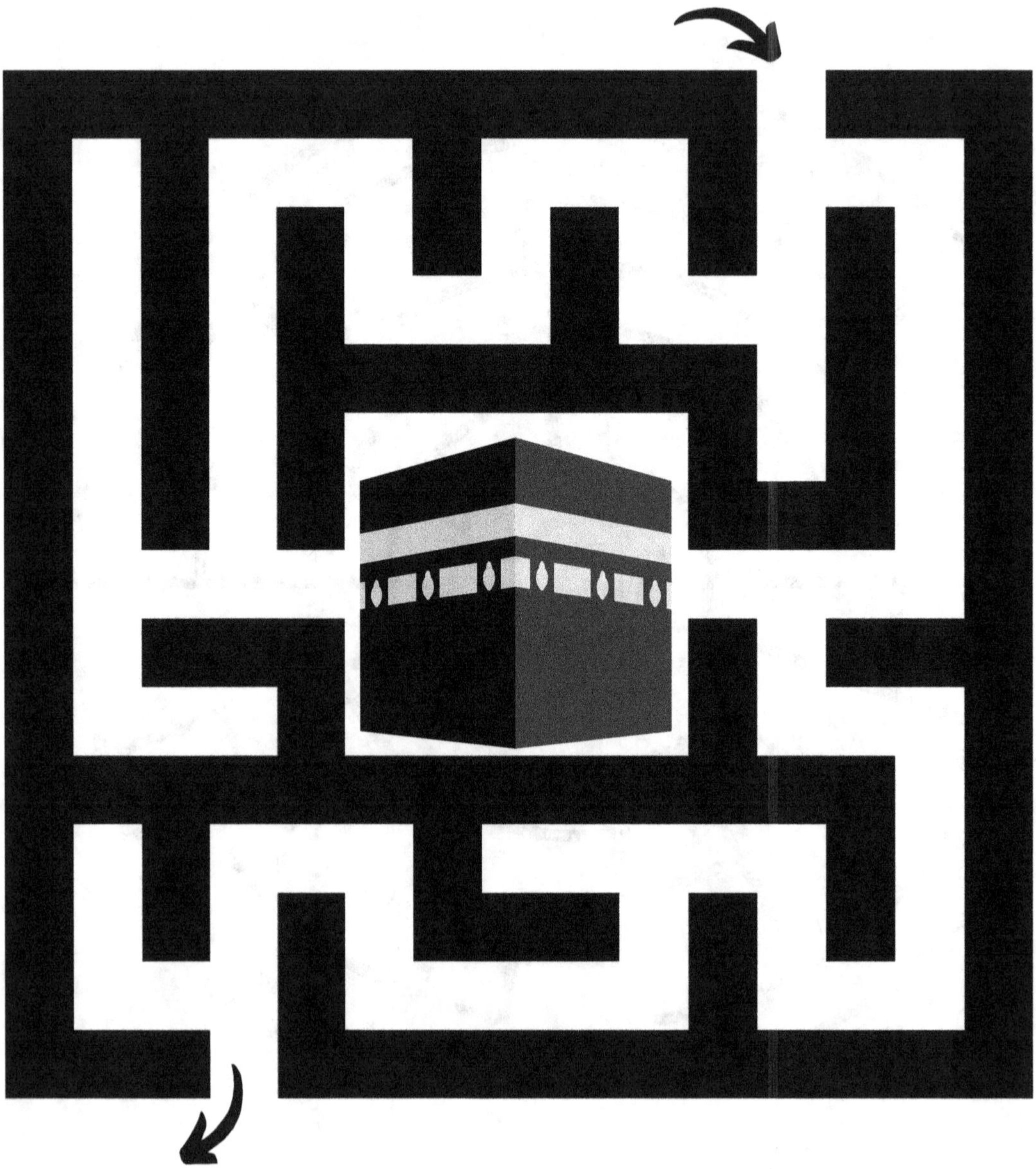

LABYRINTHE RECTANGULAIRE N°2

LABYRINTHE RECTANGULAIRE N°3

LABYRINTHE RECTANGULAIRE N°4

LABYRINTHE RECTANGULAIRE N°5

LABYRINTHE RECTANGULAIRE N°6

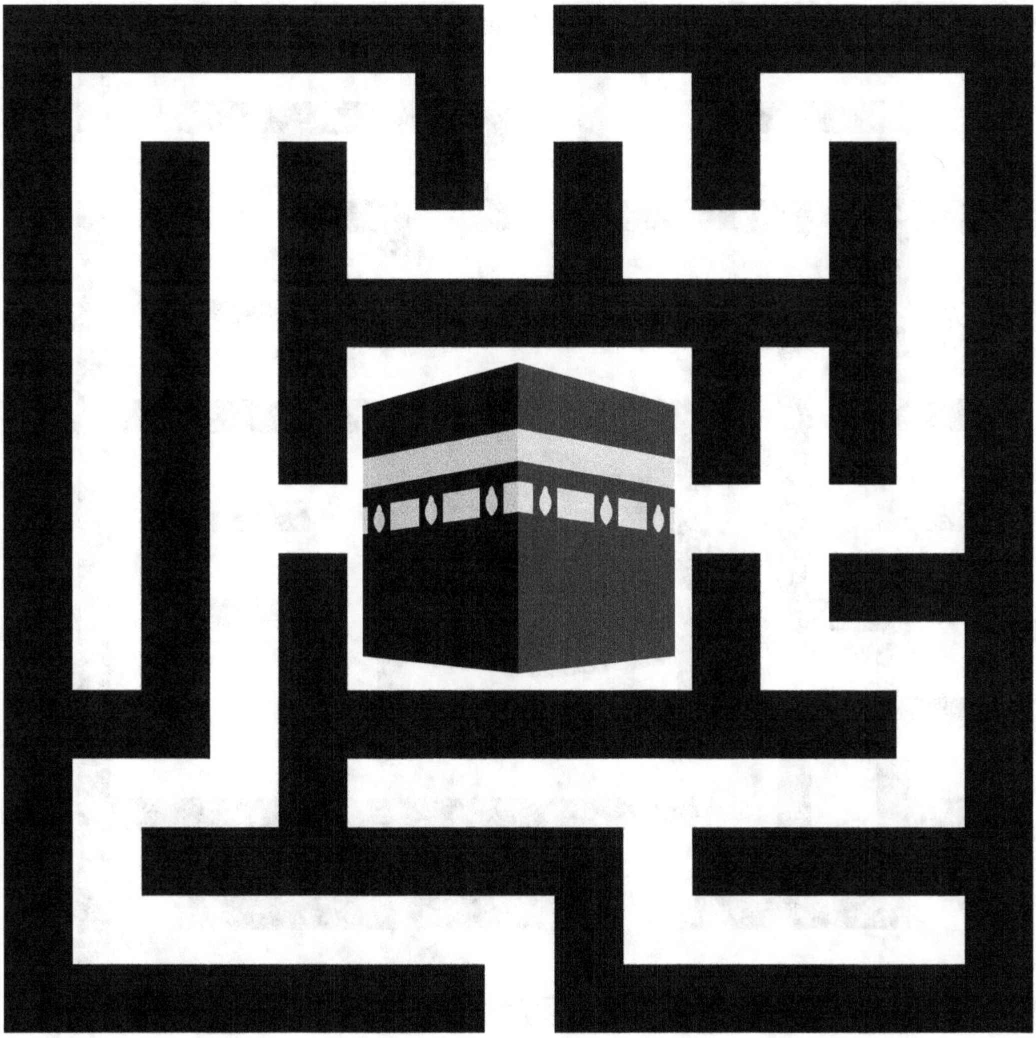

LABYRINTHE RECTANGULAIRE N°7

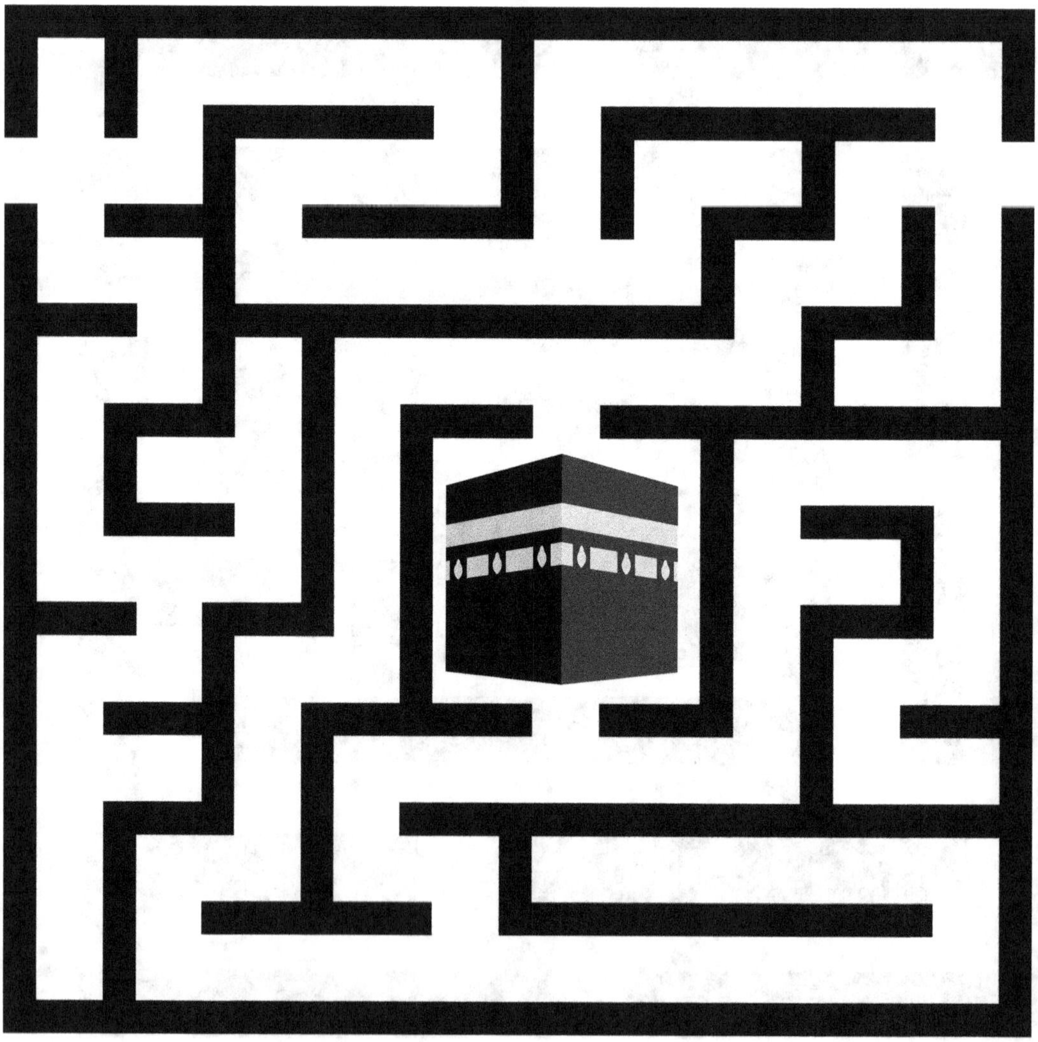

LABYRINTHE RECTANGULAIRE N°8

LABYRINTHE RECTANGULAIRE N°9

LABYRINTHE RECTANGULAIRE N°10

LABYRINTHE RECTANGULAIRE N°11

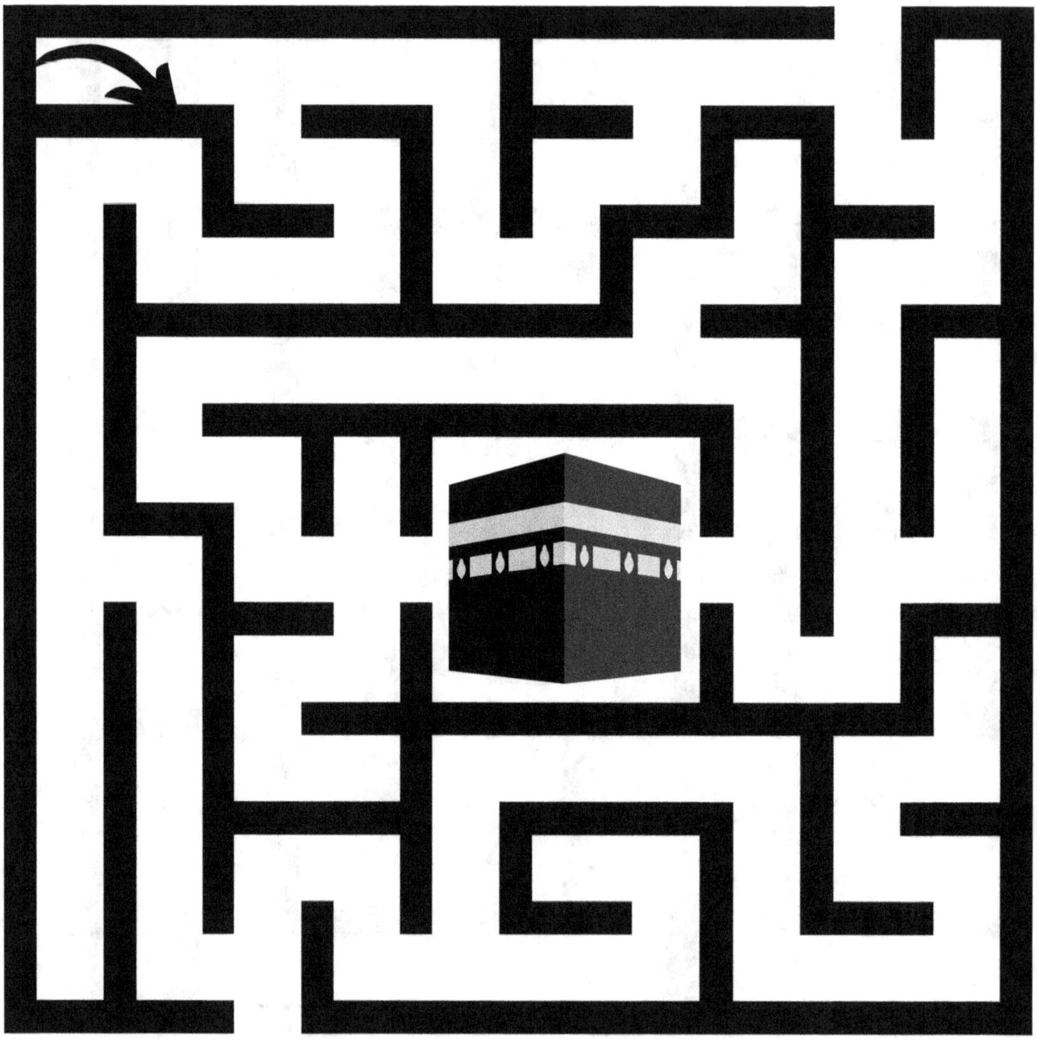

LABYRINTHE RECTANGULAIRE N°12

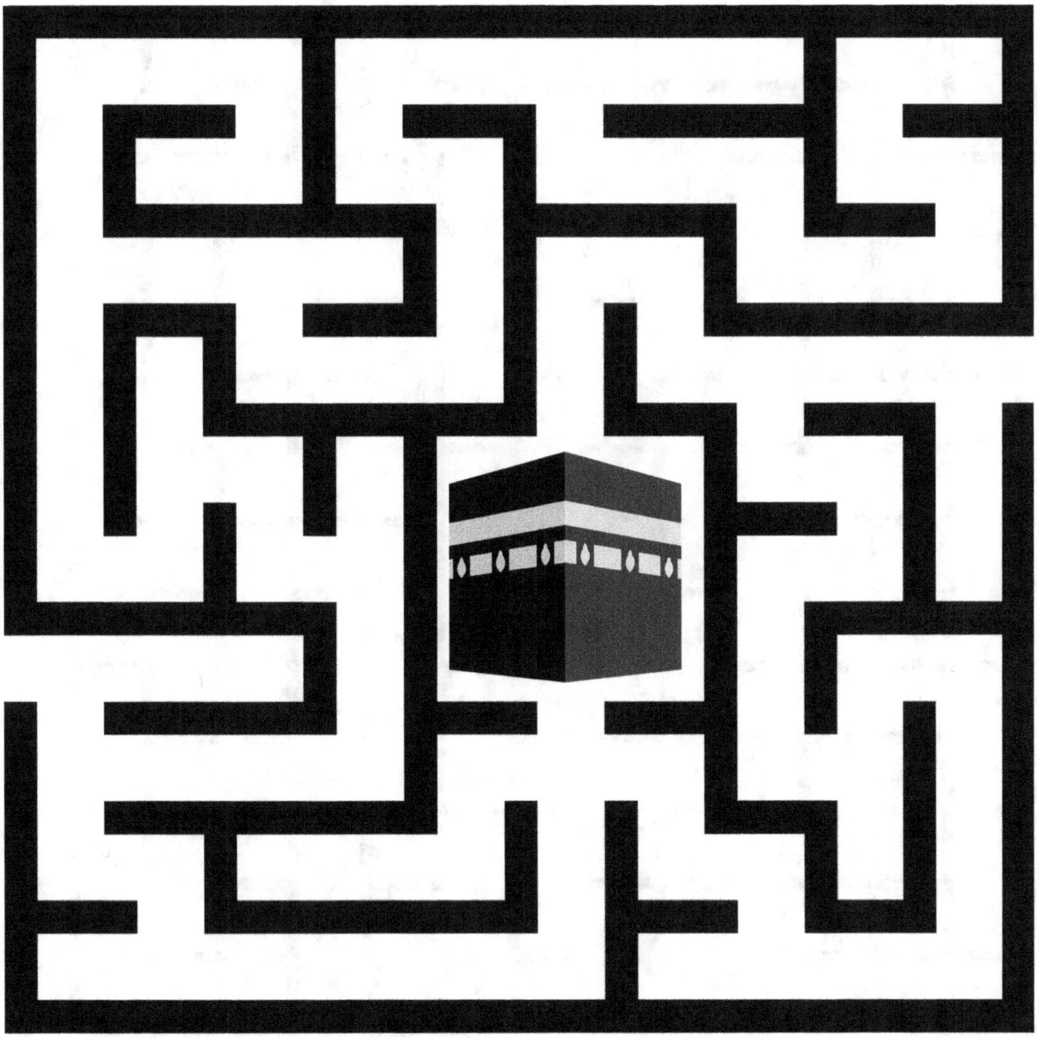

LABYRINTHE RECTANGULAIRE N°13

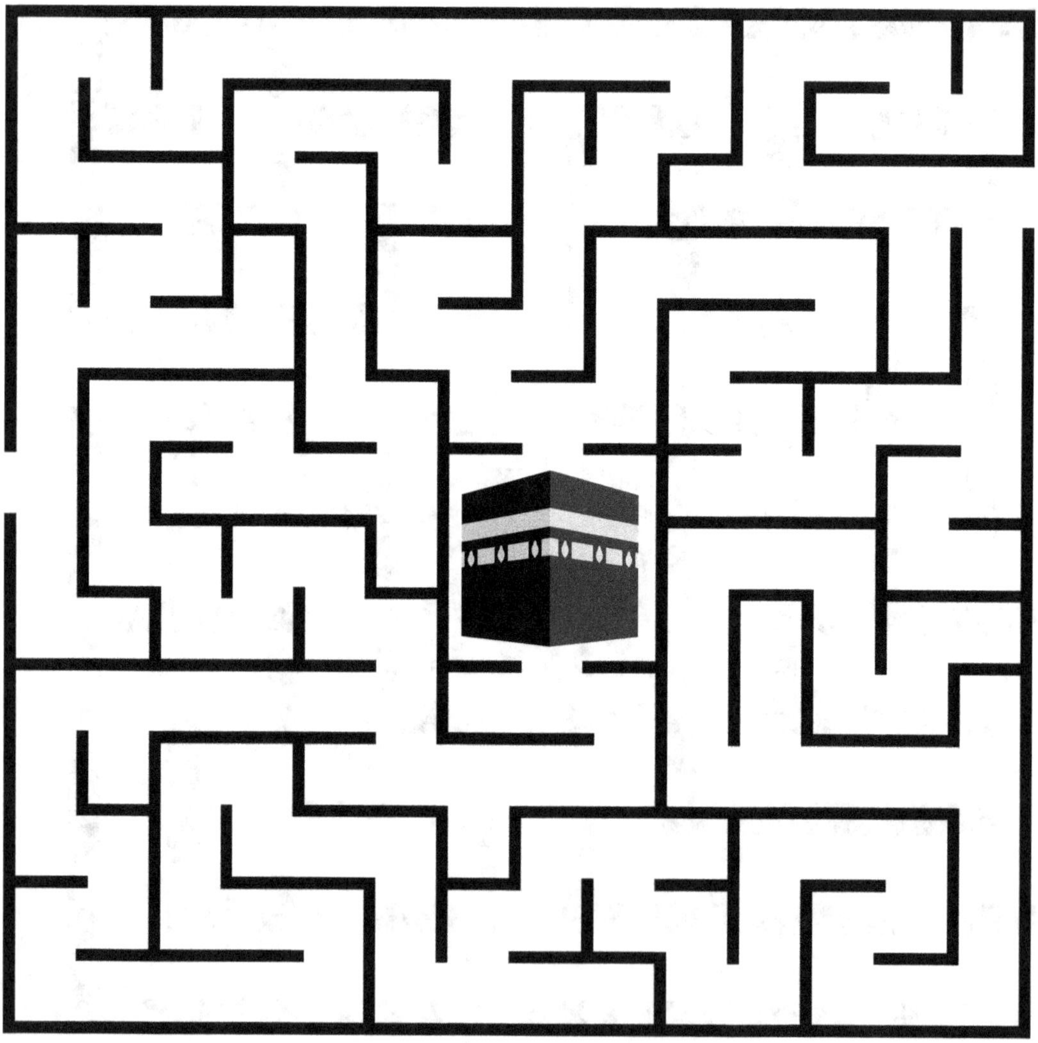

LABYRINTHE RECTANGULAIRE N°14

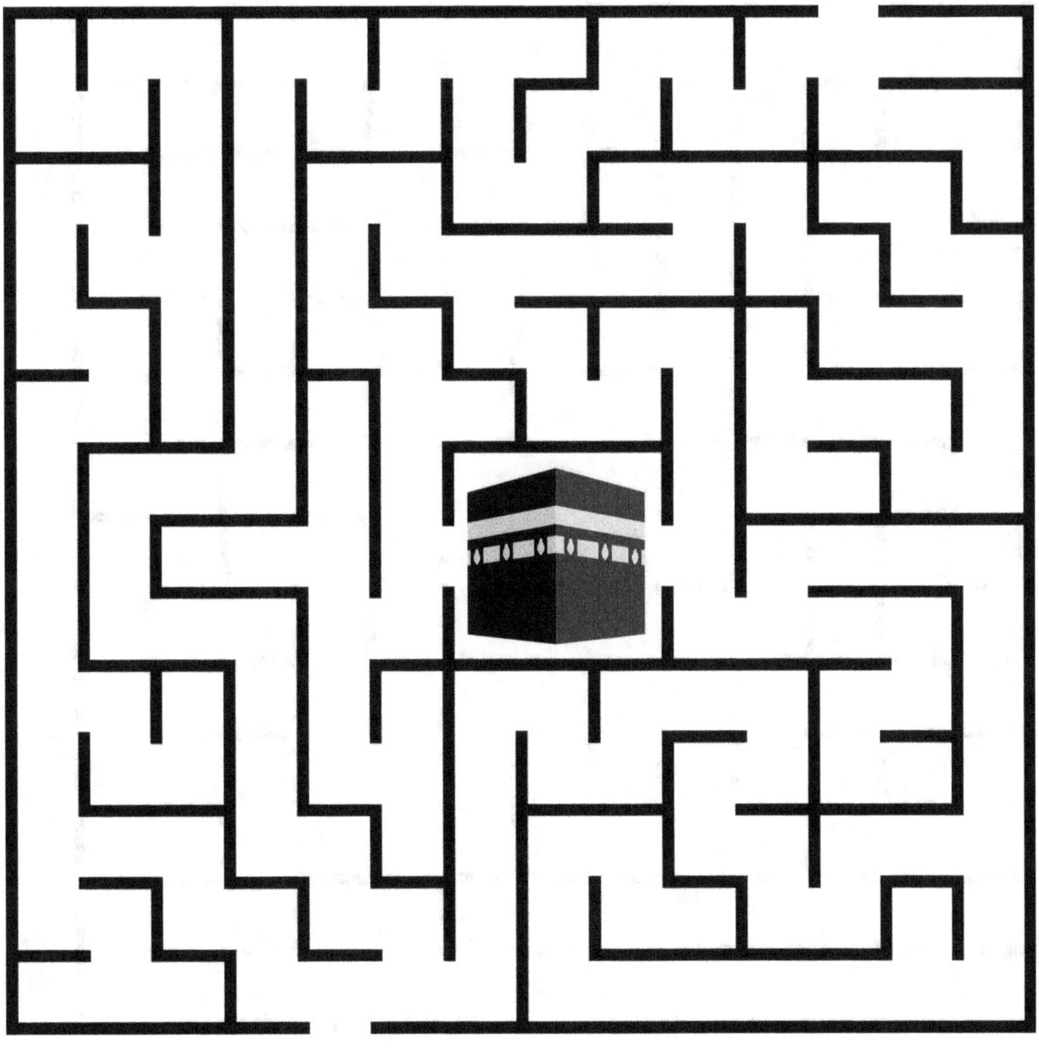

LABYRINTHE RECTANGULAIRE N°15

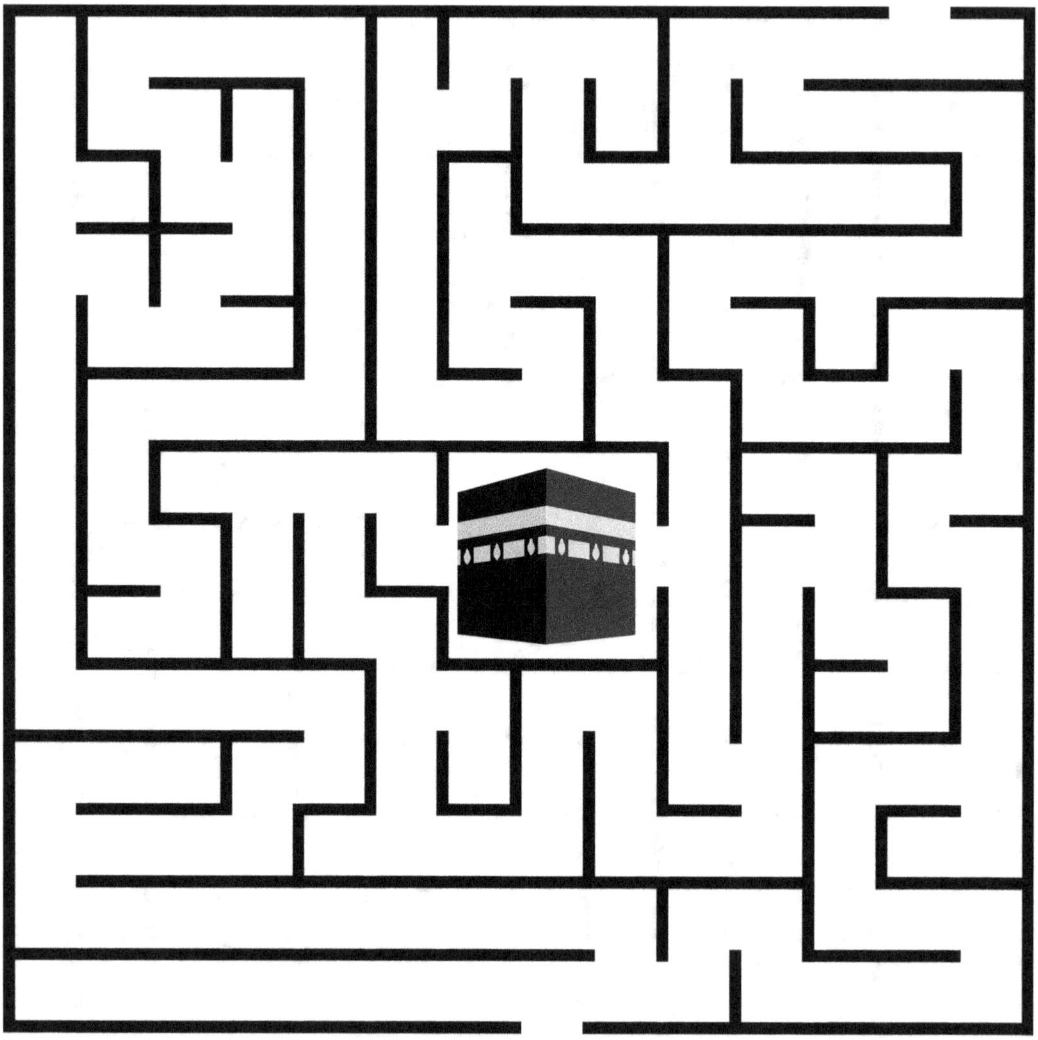

LABYRINTHE RECTANGULAIRE N°16

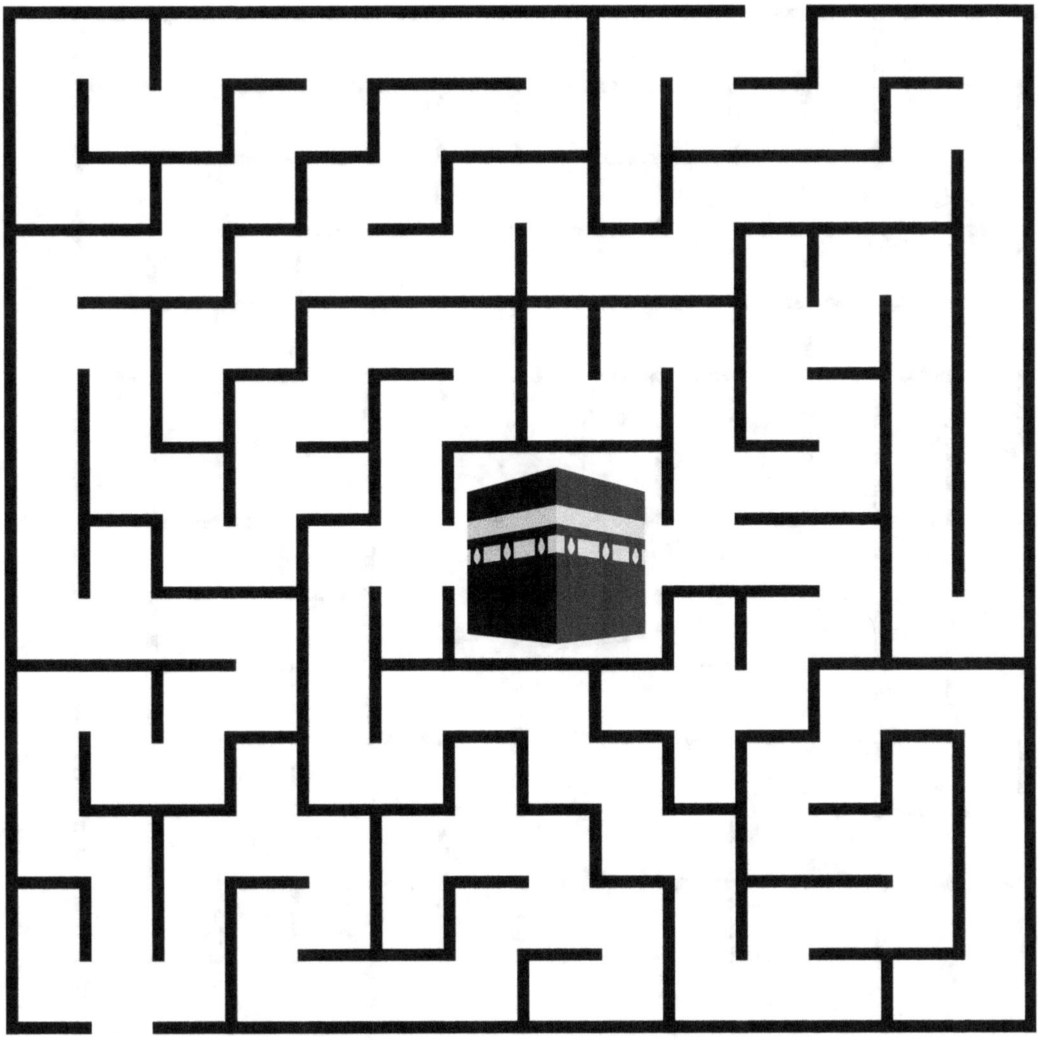

LABYRINTHE RECTANGULAIRE N°17

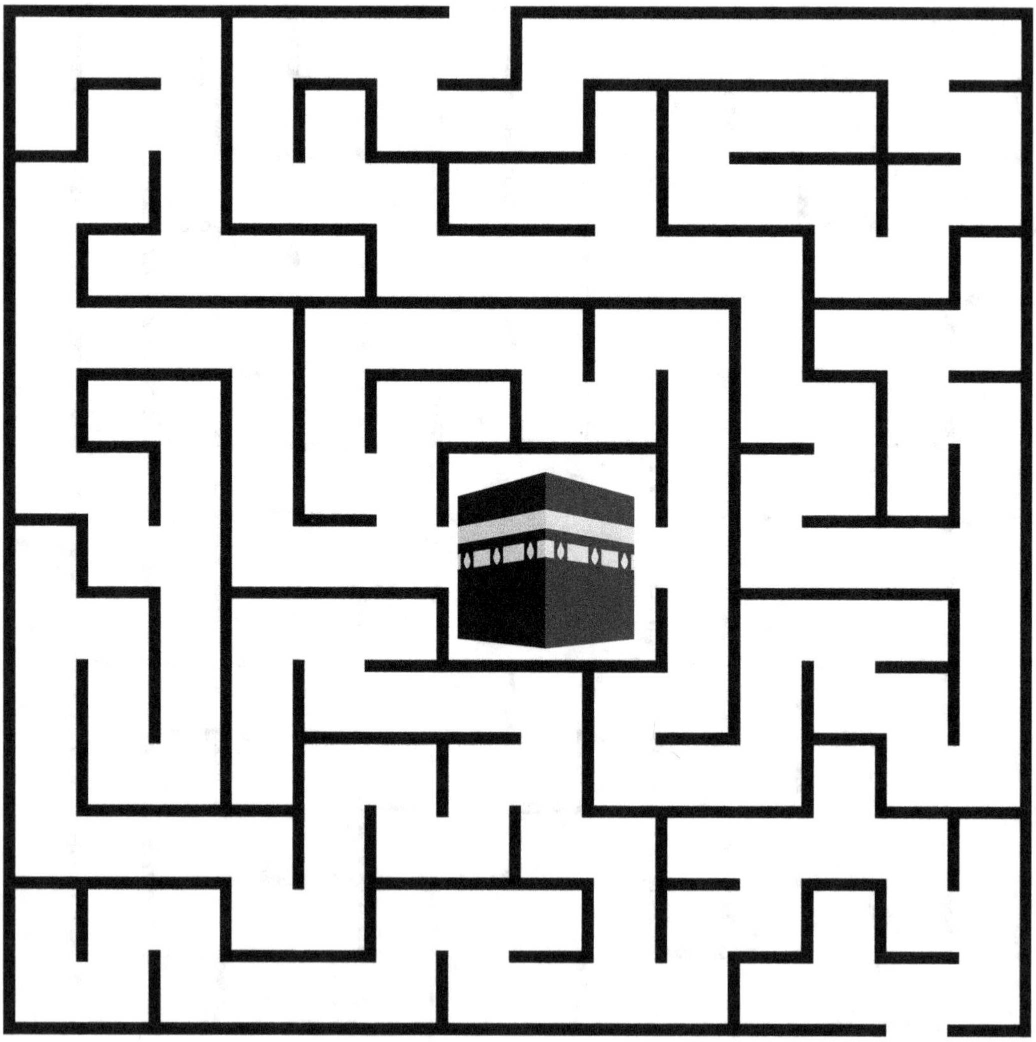

LABYRINTHE RECTANGULAIRE N°18

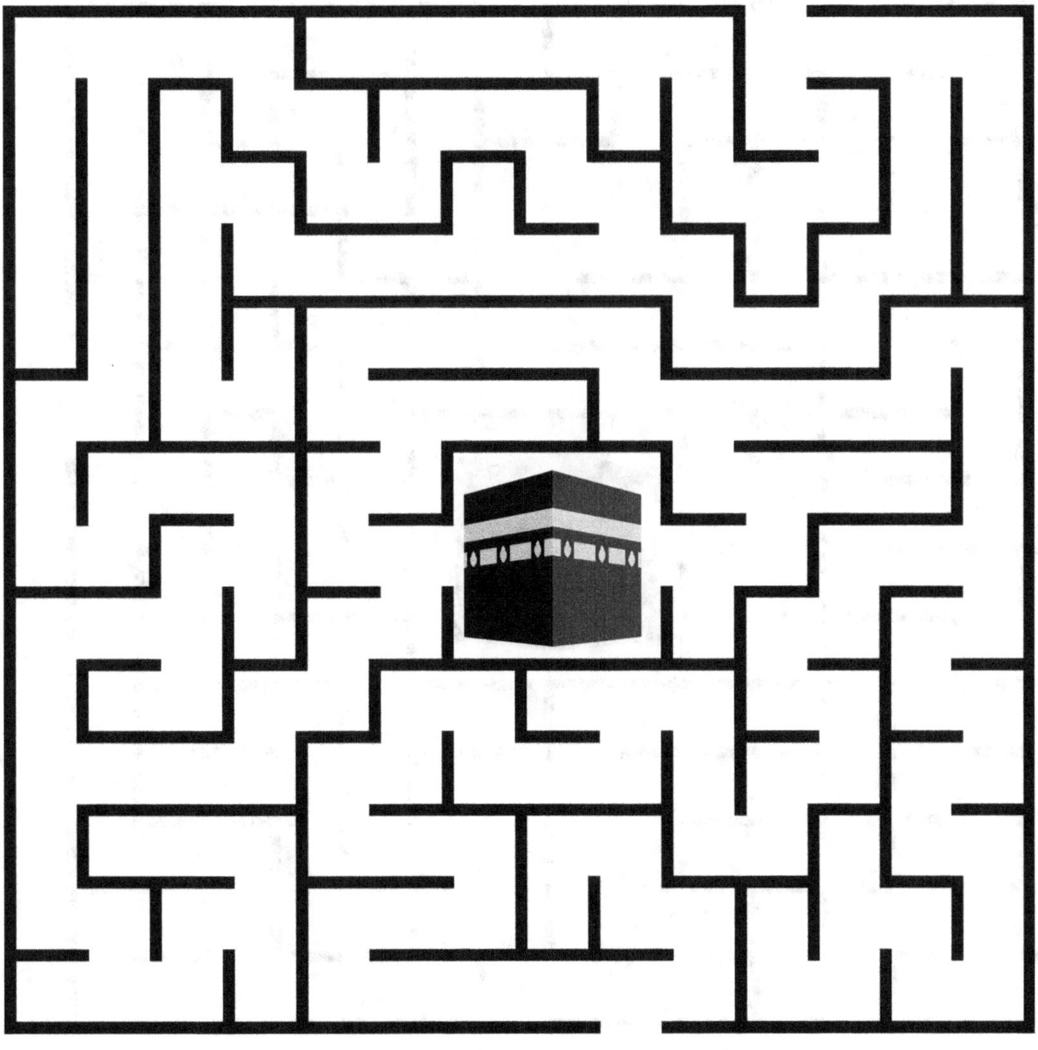

LABYRINTHE RECTANGULAIRE N°19

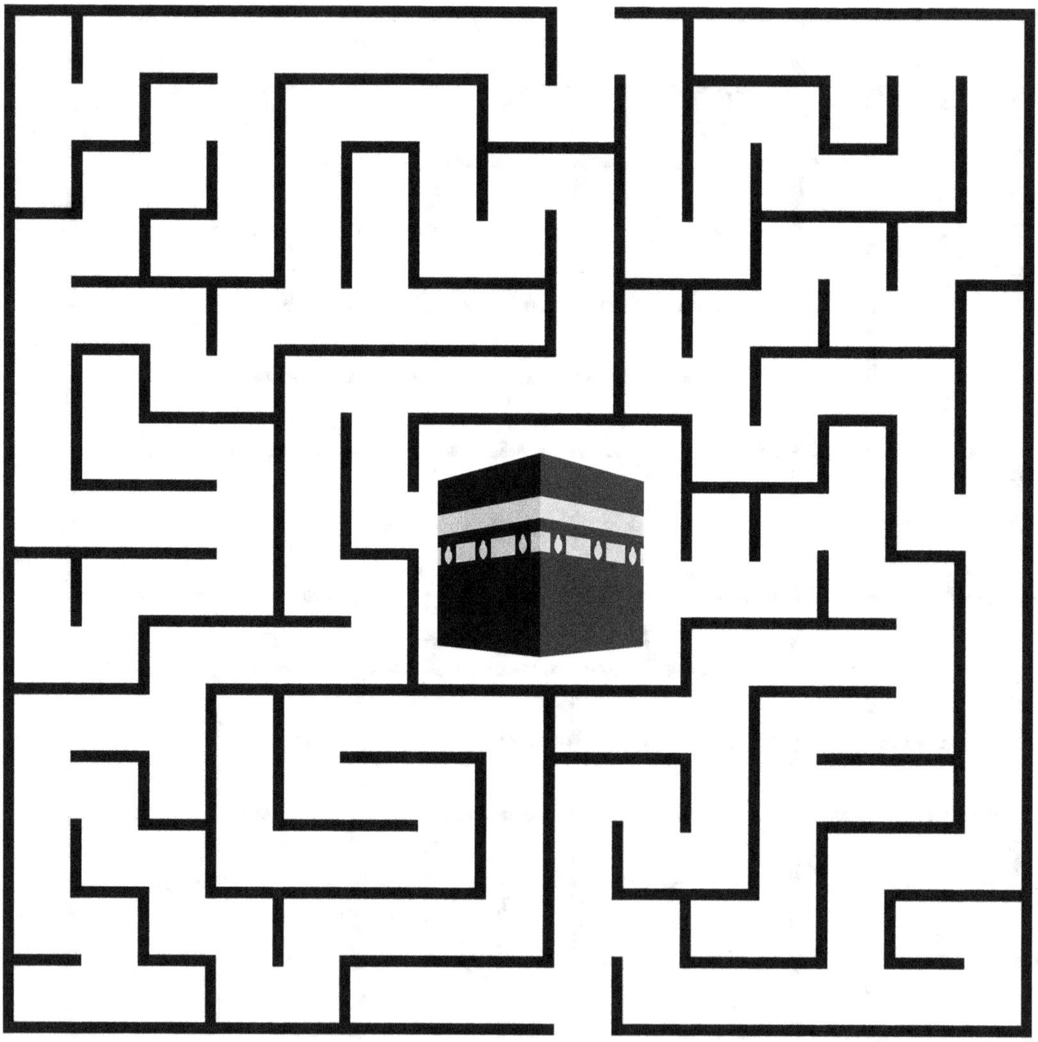

L'EXERCICE DES MOTS-MÊLÉS

L'exercice ludique des mots-mêlés se présente sous forme d'une grille dont les mots sont mélangés. Le but est de retrouver les mots indiqués en bas de la grille.

Dans cet exercice destiné aux enfants, les mots à trouver sont positionnés verticalement et horizontalement.

Tous les mots de la liste sont des mots qui se trouvent à différents endroits de la sourate Al Ikhlas.

Chaque série est composée de 5 grilles de mots-mêlés.

L'exercice est proposé en langue française et en arabe phonétique.

Information

Dans tous nos manuels, l'alphabet latin pour écrire les mots en arabe phonétique est employé de la manière qui nous a semblé correspondre le plus fidèlement possible à la prononciation arabe. Malgré nos recherches et nos efforts d'exactitude, il est toutefois possible que certains accents ou choix d'orthographe puissent être discutés.
Si vous souhaitez vous perfectionner dans votre apprentissage, nous vous recommandons d'écouter des versions sonores en arabe et, si besoin, de vous adresser à des personnes référentes (professeurs, linguistes…).

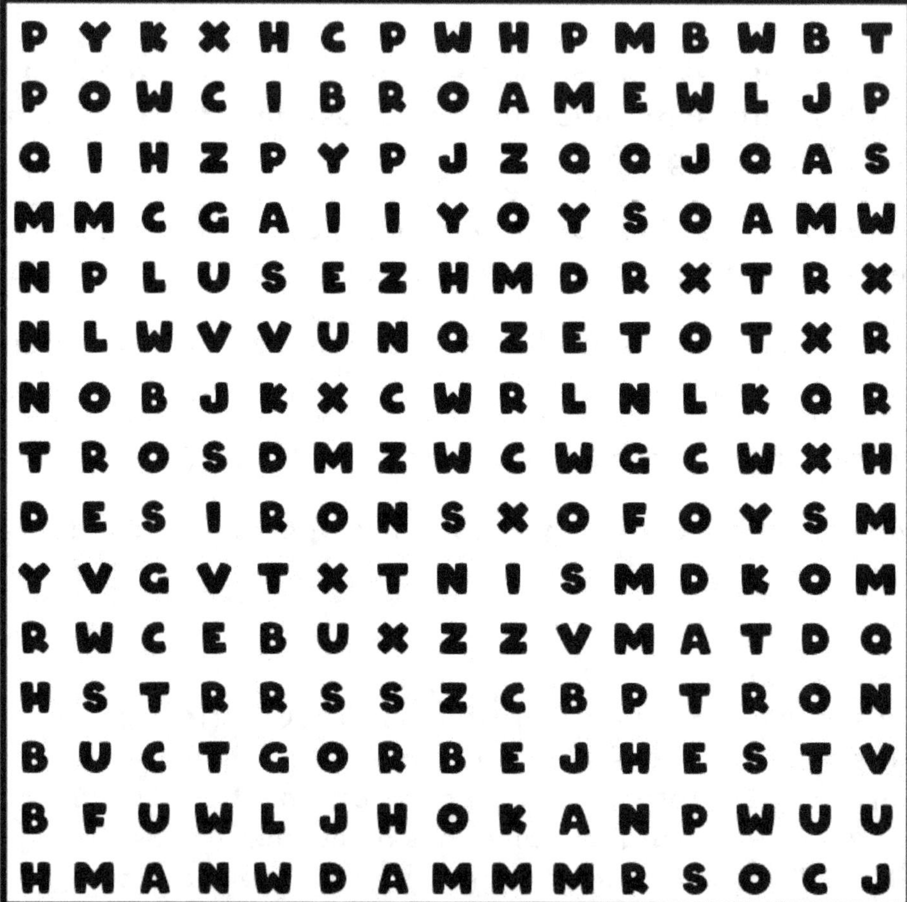

DESIRONS   **IMPLORE**   **PAS**
PLUS

GRILLE MOTS-MÊLÉS N°2 SÉRIE 1

AL IKHLAS

D	I	S	E	S	T	R	N	L	L	G	O	S	X	D
Z	L	E	M	N	K	K	W	D	U	V	F	N	C	B
O	M	E	T	O	P	N	D	P	P	R	N	Q	D	L
W	O	L	A	I	Q	F	D	T	U	A	R	E	K	G
D	N	U	H	T	L	W	H	A	R	I	Q	V	J	X
E	N	G	E	N	D	R	E	Q	E	H	N	H	P	S
A	B	C	Y	M	H	S	L	Z	F	T	D	A	I	B
R	C	I	V	W	M	F	X	E	A	C	G	E	T	G
D	P	S	Z	B	N	N	K	Z	W	N	X	A	S	E
G	A	T	W	S	H	P	V	Z	U	S	P	M	L	J
X	B	C	N	A	H	D	P	M	A	E	X	G	C	N
M	I	Y	B	N	N	D	Z	X	S	D	G	Z	T	O
I	U	W	G	K	I	X	L	Z	Q	U	P	A	K	N
M	G	Q	W	V	J	B	F	N	W	O	H	B	N	Q
D	E	U	L	S	H	T	H	H	X	O	F	M	E

DIS
NON

ENGENDRE

EST

GRILLE MOTS-MÊLÉS N°3 SÉRIE 1

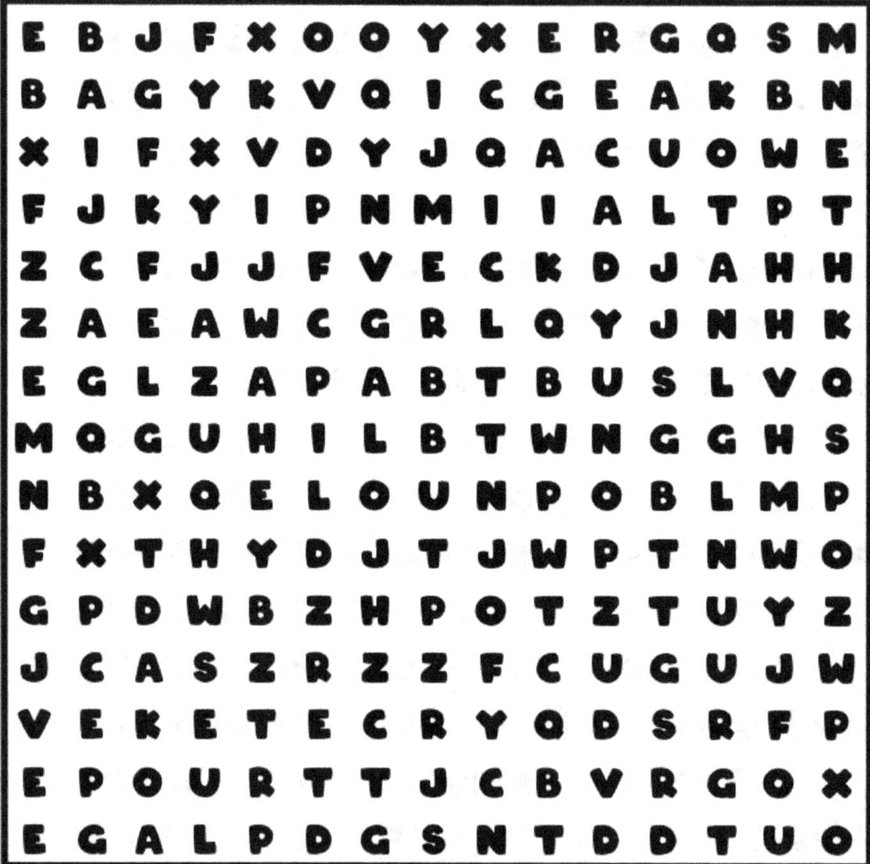

EGAL
SEUL

ETE

POUR

GRILLE MOTS-MÊLÉS N°4 SÉRIE 1

L	I	N	V	L	G	T	P	S	X	I	L	H	T	N
D	V	E	K	K	Q	A	M	Y	P	K	U	O	G	F
Z	D	F	V	R	X	Y	Y	Q	M	Q	V	M	C	O
S	A	S	G	W	E	G	E	O	U	Z	A	H	Z	L
I	C	N	W	Z	P	D	C	V	V	F	V	Q	J	L
Y	M	L	L	J	L	Z	V	P	Q	U	V	D	B	Z
S	E	A	F	K	C	N	H	P	L	I	E	E	H	L
O	O	Q	Y	W	C	L	A	G	X	Z	C	L	U	I
H	N	N	Y	V	Y	Z	I	C	T	W	N	X	N	L
E	C	S	L	N	G	Y	P	L	Y	S	T	C	I	I
J	D	X	F	M	T	K	X	E	Y	C	V	G	Q	U
F	S	K	F	J	B	I	T	O	N	R	N	O	U	S
B	O	R	V	P	G	Y	P	A	C	R	X	N	E	N
E	K	U	A	U	U	V	I	T	U	Q	R	X	Y	U
B	S	W	Z	W	V	J	P	D	W	Z	C	D	W	C

IL   LUI   NOUS

UNIQUE

```
A L L A H Y G Z U H Z M N I A
R J D I S M O G D P R S S U D
L M S V H V W E M V W Y J G Z
V K C R V J H J O P P K R L A
B N A I L T R V L P Z R S S F
A W M M K D E Z T G N P P N P
Z B M O E T R E Q O S N U A D
C T B H D N U L E P O N H T L
A V H A A N U X F A G P H M J
Z B X V X P Q G B T V J O T P
N L M T S M T C M J A A L S F
V I X X C S L G H Z D M E W E
D G O P I Z B A G M W A K N E
X V X U E V E M H Q N I U K I
E E M P M S I F T G S S W E H
```

ALLAH   **ETRE**   **JAMAIS**
NUL

L'EXERCICE DES
MOTS MANQUANTS SÉRIE 1

TOUS LES MOTS TROUVÉS DANS LES 5 GRILLES DE MOTS-MÊLÉS VONT PERMETTRE DE COMPLÉTER LA SOURATE AL IKHLAS EN FRANÇAIS CI-DESSOUS.

1 Dis: « Il est _____, Unique.

2 Allah, Le ____ à être _______ pour ce que nous ________.

3 Il n'a jamais ________, n'a pas été engendré non plus.

4 Et nul n'est ____ à Lui. »

GRILLE MOTS-MÊLÉS N°1 SÉRIE 2

R	Z	J	B	H	N	B	V	W	I	R	D	V	K	L
U	Y	O	G	Q	U	A	S	L	H	R	H	U	F	B
B	I	B	H	T	Z	A	Z	V	F	F	V	W	H	A
D	P	M	X	O	Y	Y	U	H	L	M	K	A	I	G
H	L	C	N	J	T	E	N	G	E	N	D	R	E	G
V	F	A	M	N	K	S	I	T	T	A	A	R	P	D
P	O	S	G	U	E	T	Q	H	R	A	T	O	X	Y
E	L	W	L	Z	X	X	U	I	E	I	X	H	E	F
M	W	A	G	F	H	F	E	F	L	D	T	G	B	M
O	H	Z	Q	M	P	P	U	N	K	N	F	B	W	O
I	T	M	H	O	G	O	B	S	T	B	B	R	N	W
C	B	H	A	L	L	M	M	B	E	Y	B	J	T	A
D	F	P	C	T	T	I	H	K	A	V	O	C	Y	U
L	A	Q	N	G	S	R	N	S	M	G	H	J	A	A
A	H	U	Y	W	T	A	A	G	X	D	D	G	K	Q

ENGENDRE   **EST**   **ETRE**
UNIQUE

GRILLE MOTS-MÊLÉS N°2 SÉRIE 2

```
V W S Z A E D R Q L Y N P U Z
U Q F U Y B Y O N V J Q R B Y
S K V F H X S S A D H V O R M
W Y L O W V N B U H V M L E R
K S E H Y M E G V T I D M I Q
B O U J L D I W H C A W T R I
G Y N T N S R Y T R J B I A L
W P G N H G W Z V U N M A C U
G F R H S C O Z N O W H C H I
M R U G Y P Q J U A A J H U V
D B Q V S O W G T E B W H N K
T I R D I U I J O V B Z H Z W
D D E S I R O N S E J A R E O
E P D I M P L O R E E P A J T
C K D Q J A V N Q E U A I N V
```

DESIRONS	IMPLORE	NON
POUR		

GRILLE MOTS-MÊLÉS N°3 SÉRIE 2

```
X P T D N O T S T Q V M O D L
W A I O O A Z Y T Y V S R F S
N E A Y K P L U S C L W J M J
H E Z Q N O U S B J R O F Z K
D U H U U C I D Y K E A V J B
N O P H L Y M P V V I U O W K
O Z N V H V Z R P V F I M H R
Z Z I H I N T C R A O H B Y
G R P X E N V S D X W X T M G
Y C S N W U K J A U V B B W P
W N Y Q Z U X N A S O E N U V
E M L B M N K N F Z Y D O C Z
P C Z Z F M D D B S C C G D G
I T O B P M W E G G K P X B U
E K D X B S L S F L Q K O Y I
```

LUI   NOUS   NUL
PLUS

N F G C I O C T J D O P M A P
N R H A F T Q Q M C T F M B C
T A J I F X R I N C F J S H L
U T O W U R O S S I N N A K
A R R D R L M X O M D J R V W
I T S S P P U H O W B N S K O
U E R B K F K H H J Q G J M D
R X B U N N S U A R R P X Y
O L N J Z F Q A J M U Z Z I H
U E B V Z P V S J A A Y N Y J
P W K J F F W O B I Y R O N F
M Z Z W P V E C Q S E U L H J
C S U M I I M J S V G U A O Z
A U R U F U L O B U A L L A H
E M P Z C P L E A I L Y F R F

ALLAH   **EGAL**   **JAMAIS**
SEUL

GRILLE MOTS-MÊLÉS N°5 SÉRIE 2

U	E	N	G	L	Y	U	C	E	X	L	Q	C	I	A
I	F	F	H	L	S	J	U	B	C	P	A	J	H	P
N	H	X	O	L	Q	I	E	N	E	S	L	W	A	C
W	N	P	K	O	E	S	F	L	M	S	Y	B	N	T
Y	D	H	D	W	D	G	C	X	X	G	Z	C	T	V
S	K	Y	K	O	I	L	Z	Z	M	P	R	T	Q	I
R	T	X	P	A	S	N	N	R	L	K	O	J	O	S
N	A	Y	N	N	J	Q	V	A	A	D	R	I	T	I
K	I	H	K	G	Y	R	X	U	H	C	P	S	B	D
E	J	V	P	G	K	O	B	R	N	E	M	B	A	A
W	M	C	M	I	H	B	R	X	L	L	E	J	C	X
B	Q	D	O	J	G	W	I	I	Q	K	J	S	E	R
C	G	B	O	G	C	T	B	R	O	C	O	B	T	C
M	Y	P	G	H	S	T	E	U	E	F	A	A	E	G
C	S	S	B	H	N	A	E	L	O	E	L	Y	T	X

DIS   ETE   IL

PAS

L'EXERCICE DES MOTS MANQUANTS SÉRIE 2

TOUS LES MOTS TROUVÉS DANS LES 5 GRILLES DE MOTS-MÊLÉS VONT PERMETTRE DE COMPLÉTER LA SOURATE AL IKHLAS EN FRANÇAIS CI-DESSOUS.

1 Dis: « Il est Allah, _______.

2 ______, Le _____ à être imploré pour ce que nous désirons.

3 Il n'a _______ engendré, n'a pas été engendré non plus.

4 Et ____ n'est égal à Lui. »

GRILLE MOTS-MÊLÉS N°1 SÉRIE 1
ARABE PHONÉTIQUE

LAHU   YULAD

GRILLE MOTS-MÊLÉS N°2 SÉRIE 1
ARABE PHONÉTIQUE

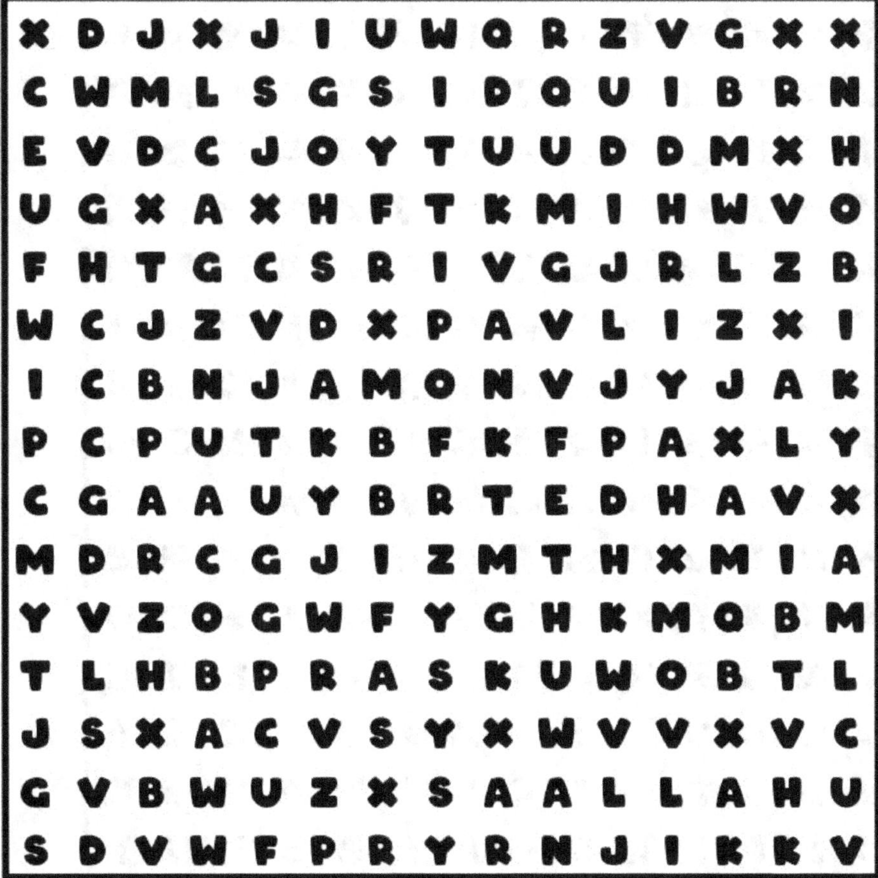

ALLAHU   **HUWA**

GRILLE MOTS-MÊLÉS N°3 SÉRIE 1
ARABE PHONÉTIQUE

LAM   YALID

GRILLE MOTS-MÊLÉS N°4 SÉRIE 1
ARABE PHONÉTIQUE

P S C A D Y X Y U H D S I L G
R P M I G L B V T R Z G O M Z
U G R U H S V J I W P T Q K V
N K A T E Z D E V I L K T I K
I T M L V V W A W S A M A D U
X L G Q J N X P O U R B O N F
K R L V A D B Q K G G R O U U
X D B E M M Q Q A L K I I I A
B L E A D R I D K I M Z L A N
J A N R F N H U B L J F J S V
U H N C F A P N R F L N W Q C
J S Z H G V F I N A I H W U S
R I K Q X D L J X B U A F Z D
M P E S R D O F X K Z K M K F
J G C P S L G I B T X Q X Y J

KUFUAN   SAMADU

GRILLE MOTS-MÊLÉS N°5 SÉRIE 1
ARABE PHONÉTIQUE

X L P V C R P M N V D Y A P M
N N Z C E T G V C B H B B L O
Z D M E L F R G B M L E G A E
P Y H K U A K W M E A N R E W
W X K Z Q X B J K C Z W D Z Z
J R Y V R U M R O Q Y A K U N
Q W H R N C J U B G Z L R R C
U O D F N T D I E X E A Z Y R
U R F R G I P B K M X M K P B
H Y H L A H R S C I T Z C J Y
G T Y Y S Q E L L I C B I I B
B B U Y Q Z Z I G J M I R W H
U C O Q T Z D B P B H V P M W
D C N P B J B O D A G X H C K
Z F H S Z M M N Q C N W V Z K

WALAM　　　　　**YAKUN**

L'EXERCICE DES MOTS MANQUANTS SÉRIE 1

TOUS LES MOTS TROUVÉS DANS LES 5 GRILLES DE MOTS-MÊLÉS VONT PERMETTRE DE COMPLÉTER LA SOURATE AL IKHLAS EN ARABE PHONÉTIQUE CI-DESSOUS.

1 Qul Huwa _______ 'Aĥadun

2 Allāhu Aş-_______

3 Lam Yalid Wa Lam Yūlad

4 _____ Yakun Lahu _______ 'Aĥadun

GRILLE MOTS-MÊLÉS N°1 SÉRIE 2
ARABE PHONÉTIQUE

```
X Y C S H R P L M N P X Y J X
I X R Z R J Q K I B T H K J W
C R L I C M F H V M K K R J K
M K U Z Y R H Z D I K Z Y K V
W V H V N N S B B N P I O D R
A U M G T R Q V B Y I I C T D
F L C Q L W N P O X H S C X X
P F T T A F U U A T J O F G V
K R R S K D A L W B W K U B F
X E O Z H A G L R L G B D V E
V Q J J K L Z Z Q V D C M A F
Y U L A D Y X Y G H J Q G O E
S L T N U T S B S R F F U F W
T F M M H V K V Z O I H O R L
M Y H C I Y M R N T B J N E T
```

QUL   YULAD

GRILLE MOTS-MÊLÉS N°2 SÉRIE 2
ARABE PHONÉTIQUE

LAHU   YAKUN

GRILLE MOTS-MÊLÉS N°3 SÉRIE 2
ARABE PHONÉTIQUE

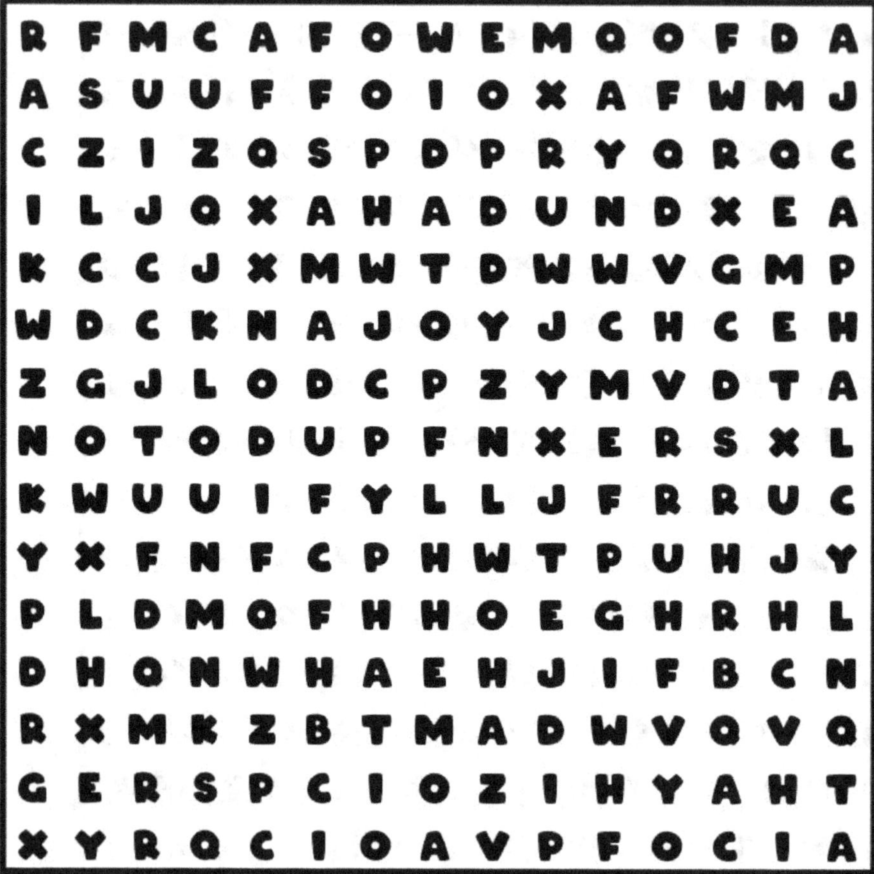

AHADUN   SAMADU

GRILLE MOTS-MÊLÉS N°4 SÉRIE 2
ARABE PHONÉTIQUE

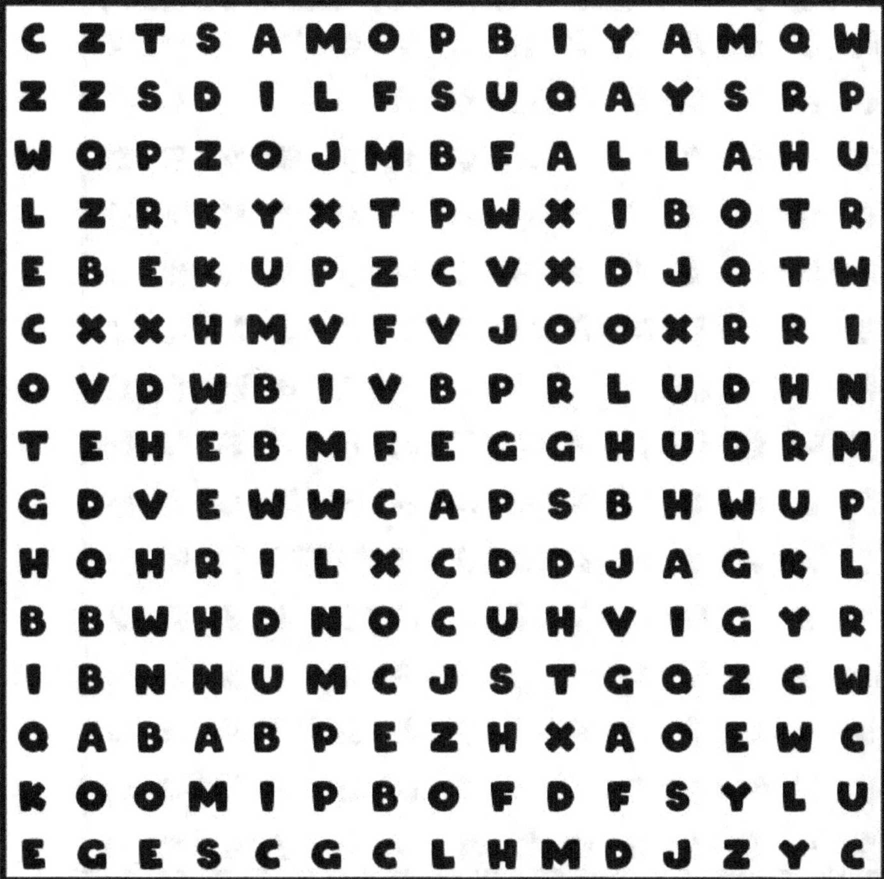

ALLAHU YALID

GRILLE MOTS-MÊLÉS N°5 SÉRIE 2
ARABE PHONÉTIQUE

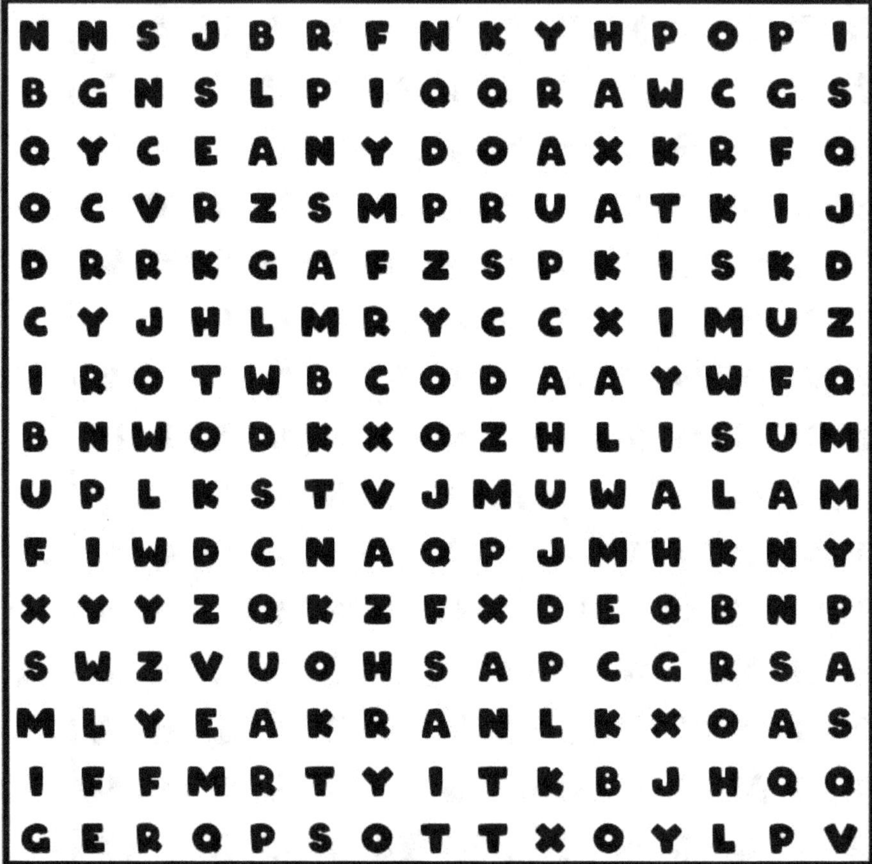

KUFUAN   **WALAM**

L'EXERCICE DES
MOTS MANQUANTS SÉRIE 2

TOUS LES MOTS TROUVÉS DANS LES 5 GRILLES DE MOTS-MÊLÉS VONT PERMETTRE DE COMPLÉTER LA SOURATE AL IKHLAS EN ARABE PHONÉTIQUE CI-DESSOUS.

1 Qul Huwa Allāhu 'Aĥadun

2 ______ Aş-Şamadu

3 Lam _____ Wa Lam _____

4 Walam _____ Lahu Kufūan 'Aĥadun

RÉPONSES ET SOLUTIONS

LABYRINTHES
&
MOTS-MÊLÉS

SOLUTION LABYRINTHE CIRCULAIRE N°1

AL IKHLAS

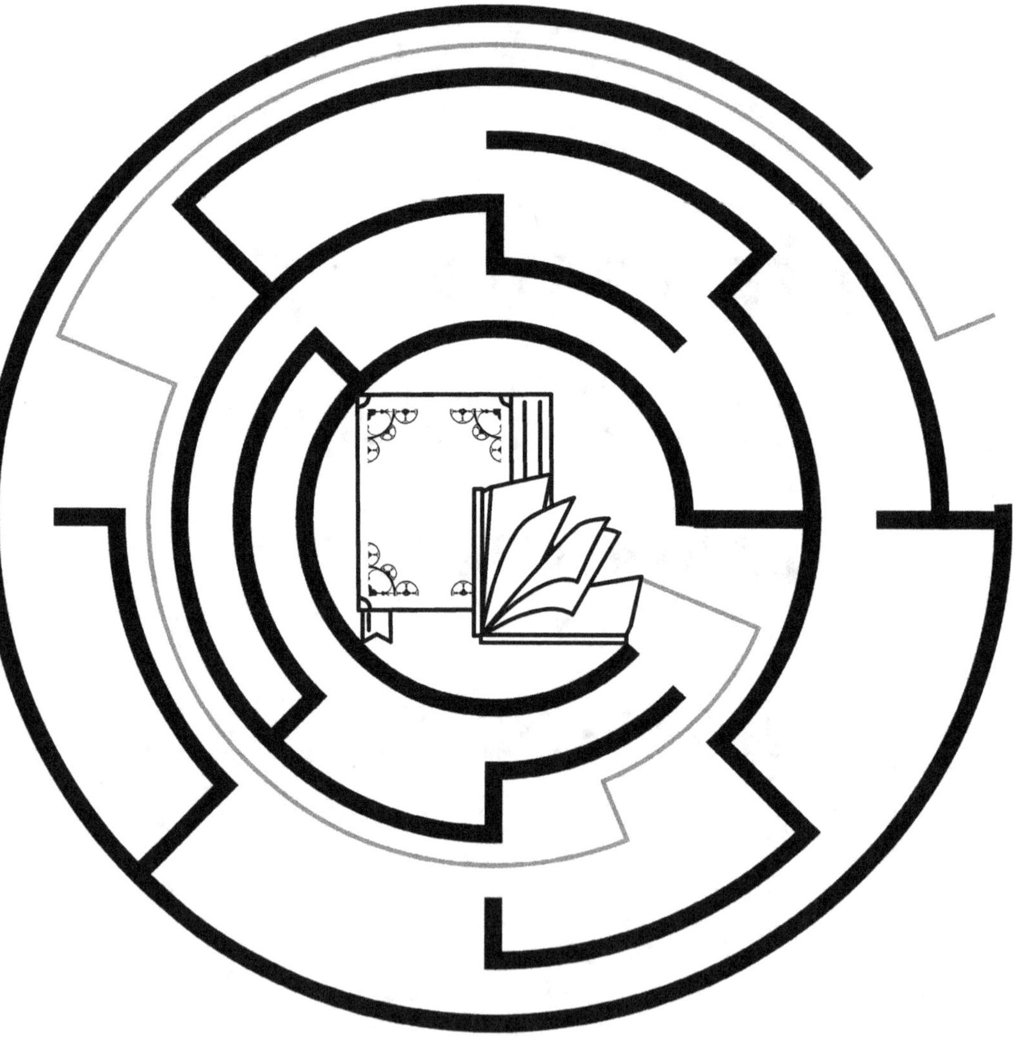

SOLUTION LABYRINTHE CIRCULAIRE N°2

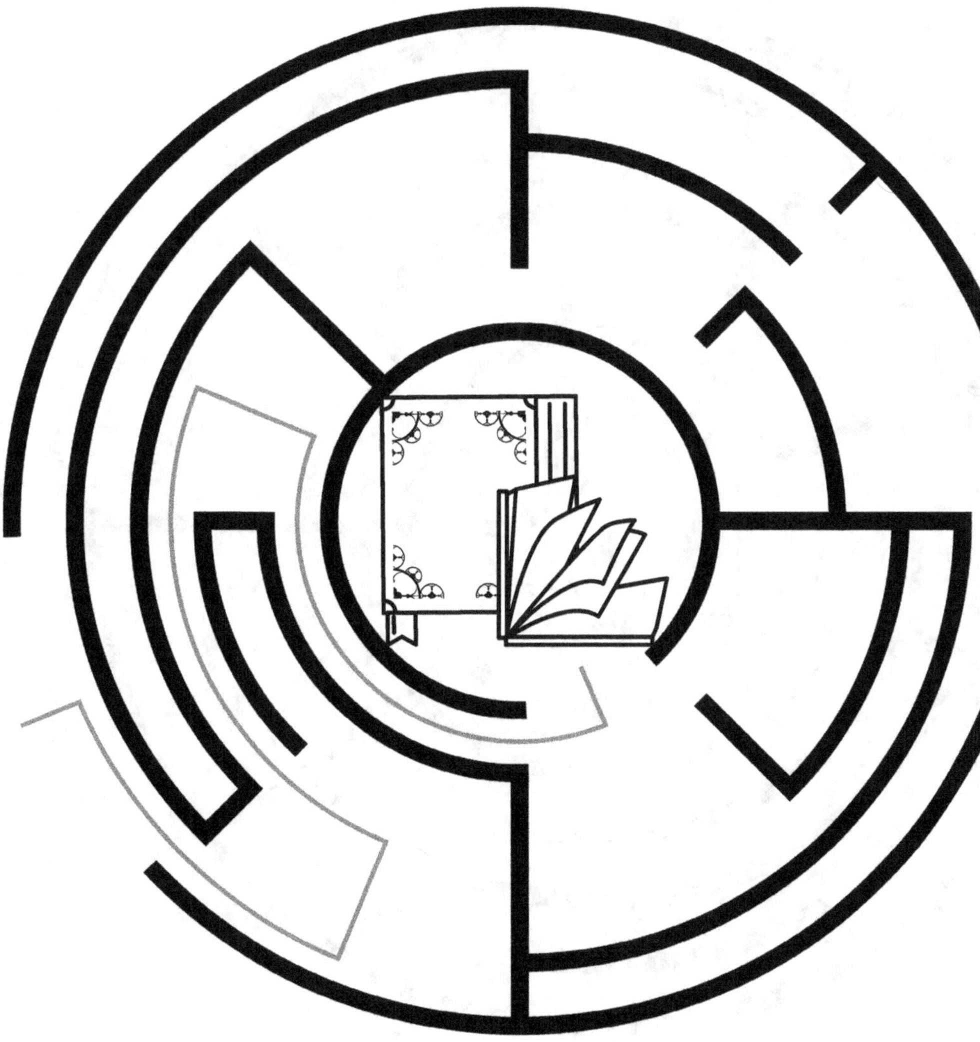

SOLUTION LABYRINTHE CIRCULAIRE N°3

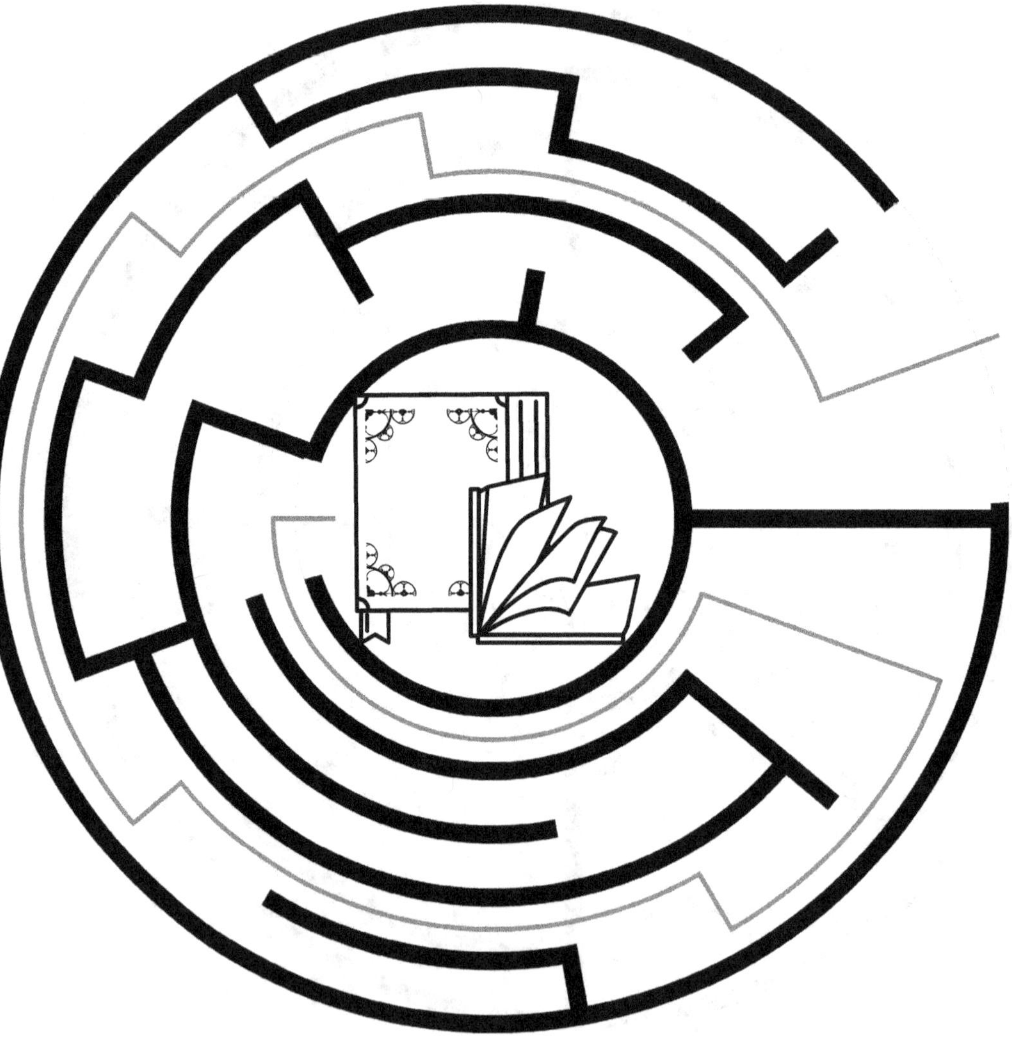

SOLUTION LABYRINTHE CIRCULAIRE N°4

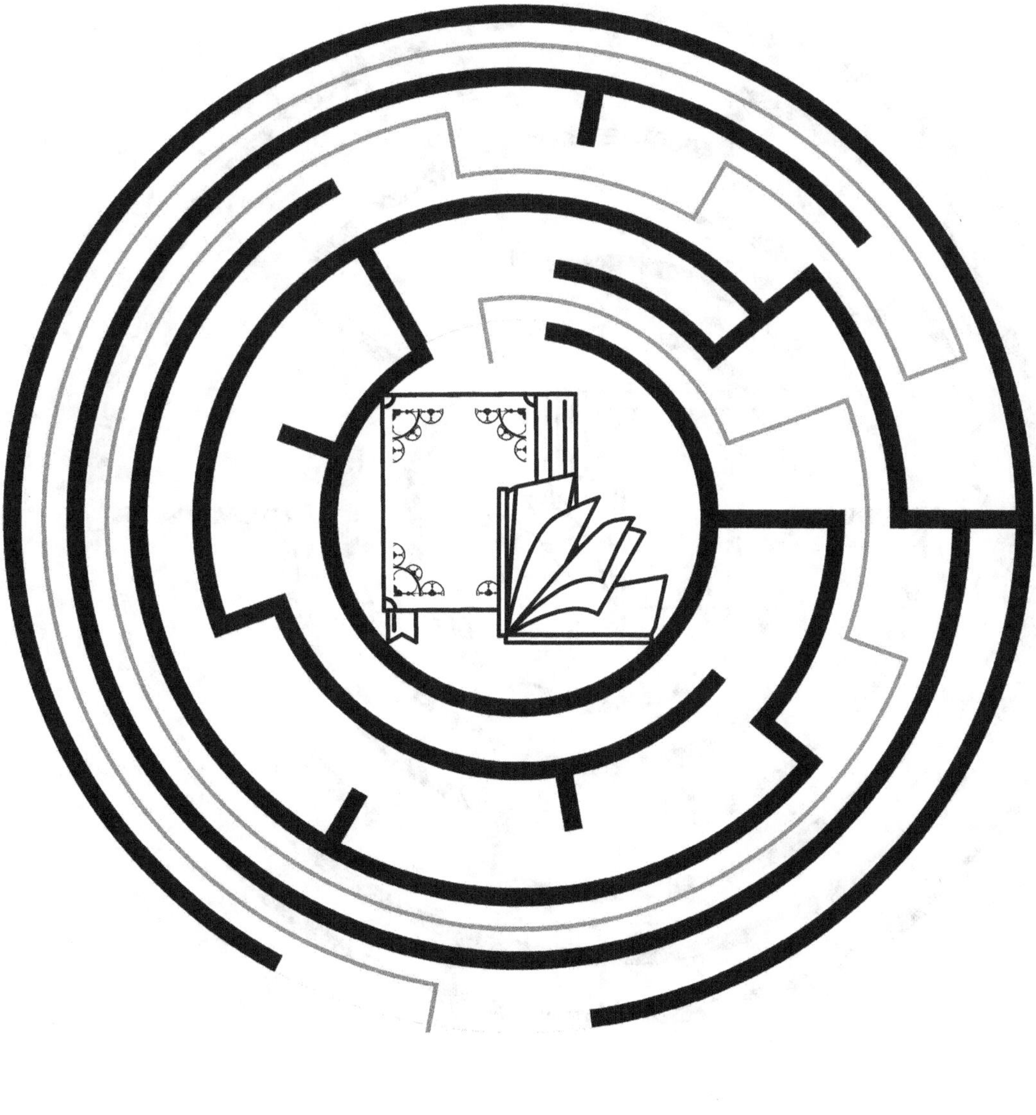

SOLUTION LABYRINTHE CIRCULAIRE N°5

SOLUTION LABYRINTHE CIRCULAIRE N°6

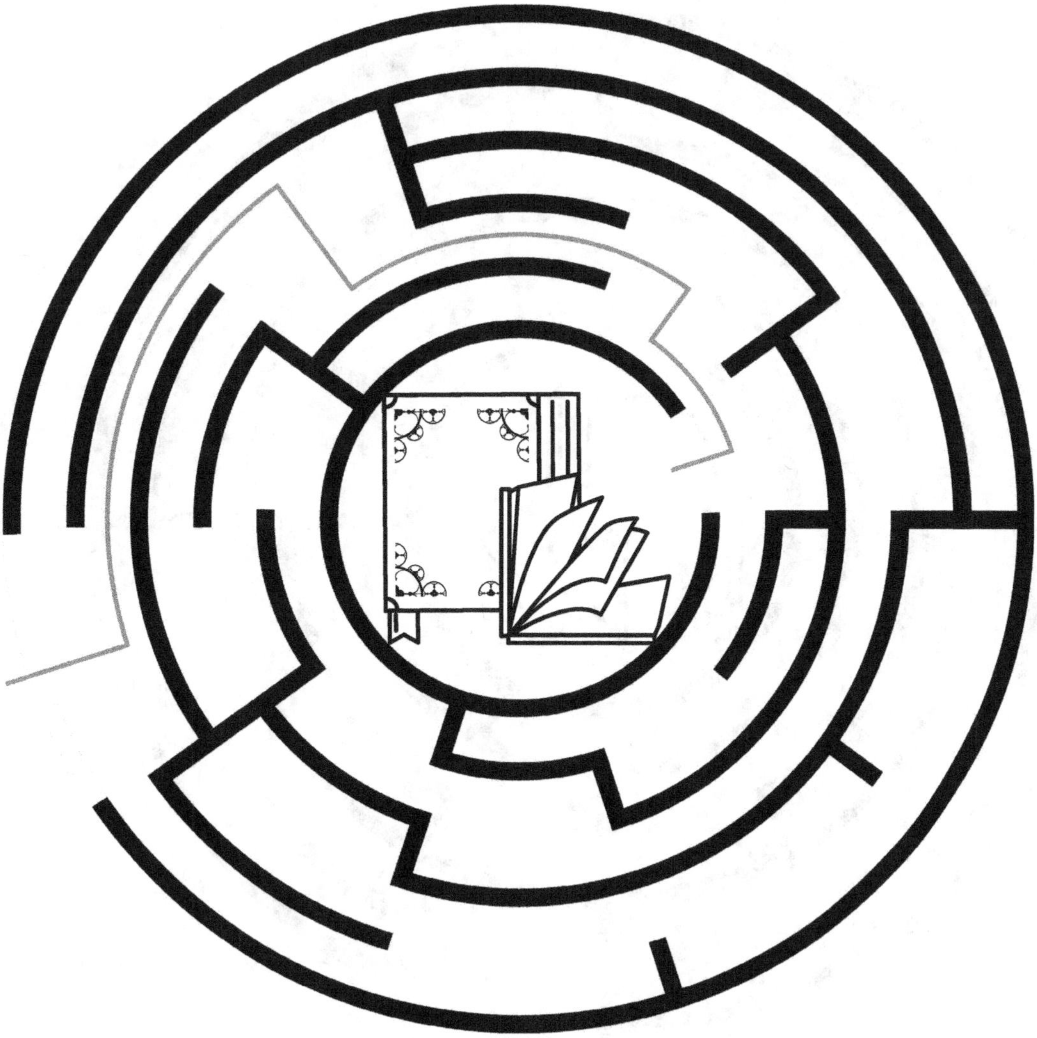

AL IKHLAS

SOLUTION LABYRINTHE CIRCULAIRE N°8

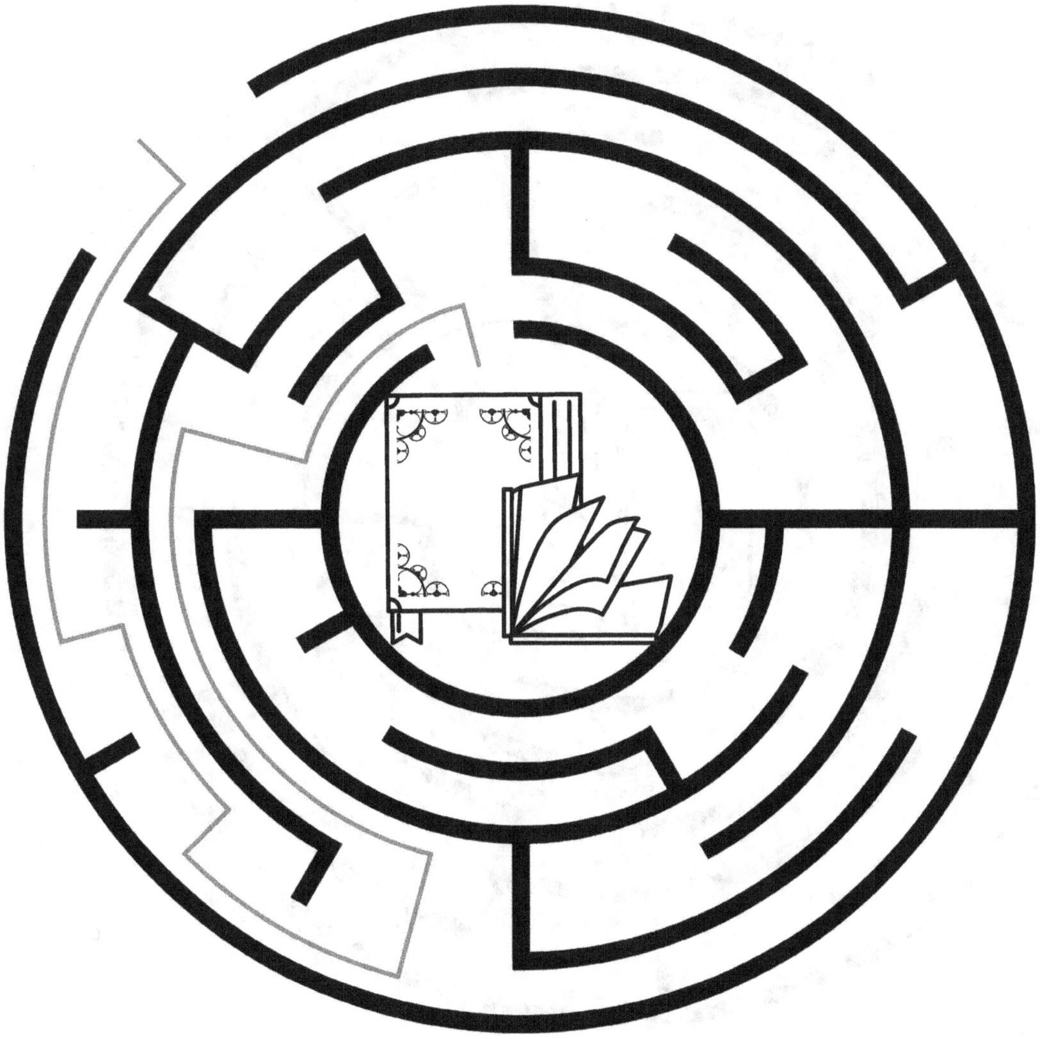

SOLUTION LABYRINTHE CIRCULAIRE N°9

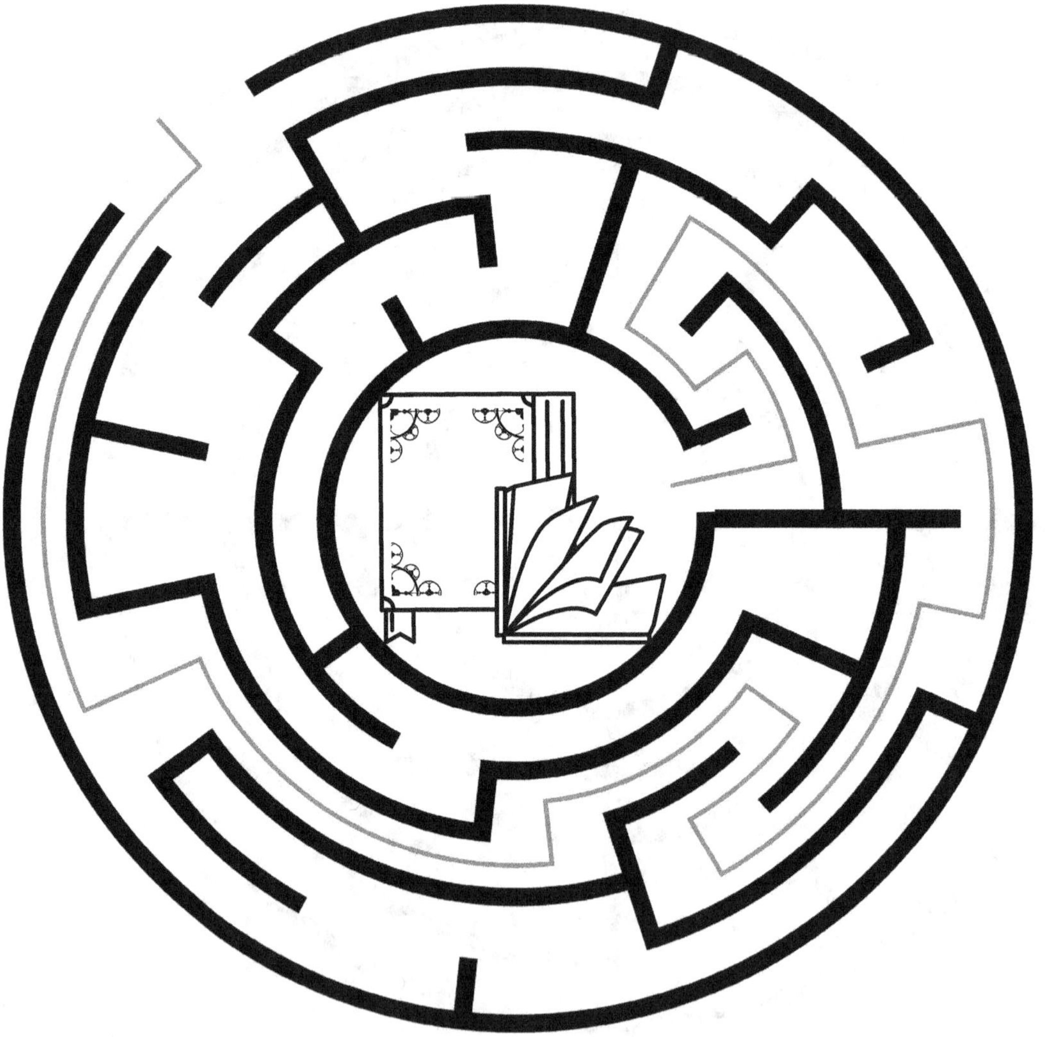

AL IKHLAS

SOLUTION LABYRINTHE CIRCULAIRE N°11

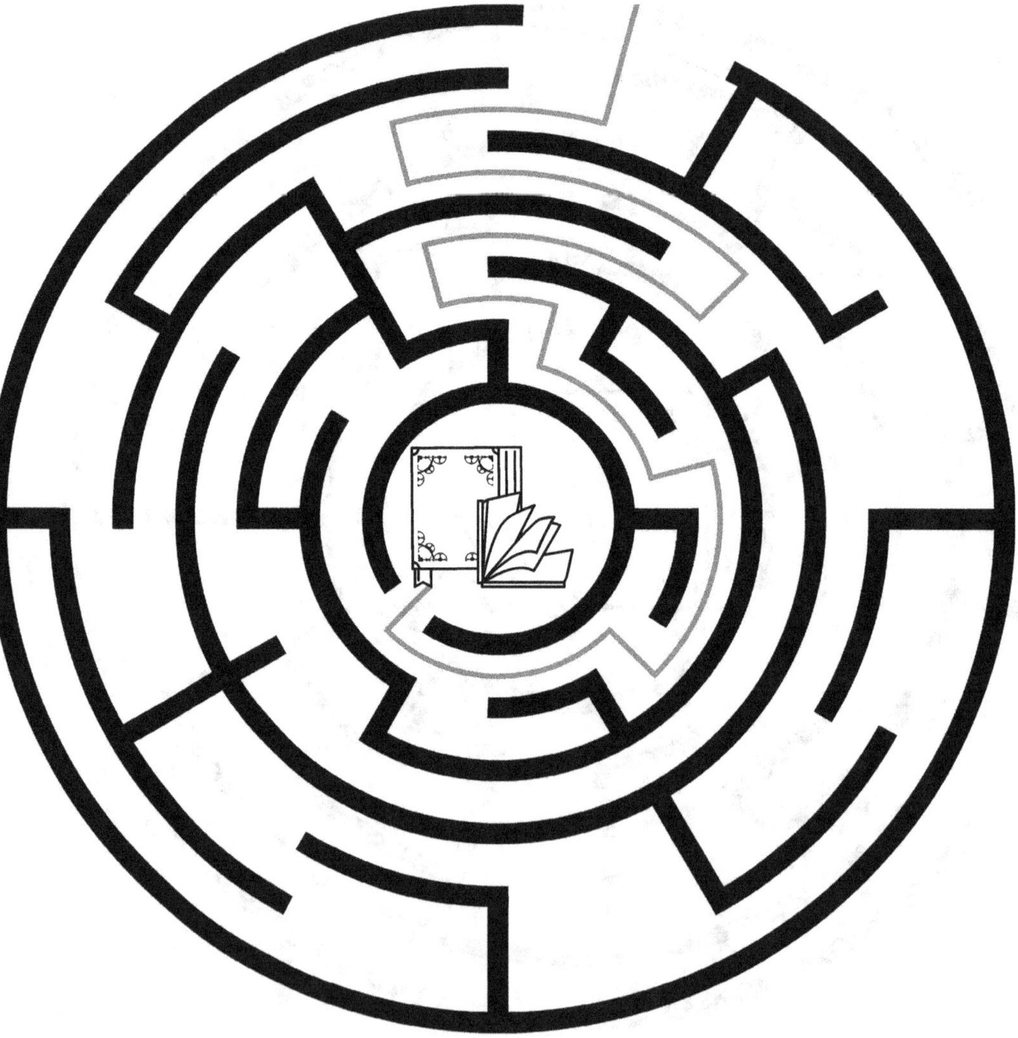

SOLUTION LABYRINTHE CIRCULAIRE N°12

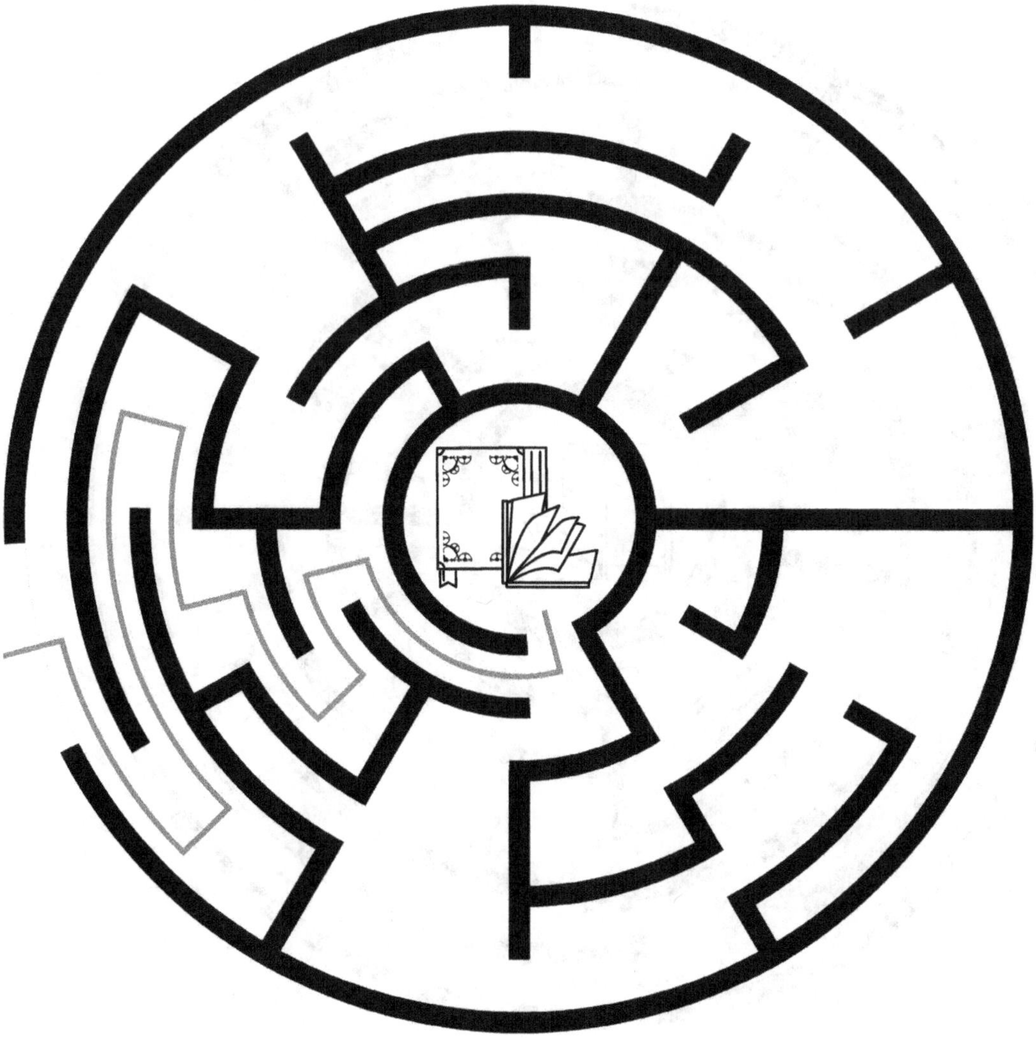

AL IKHLAS

SOLUTION LABYRINTHE CIRCULAIRE N°14

SOLUTION LABYRINTHE CIRCULAIRE N°15

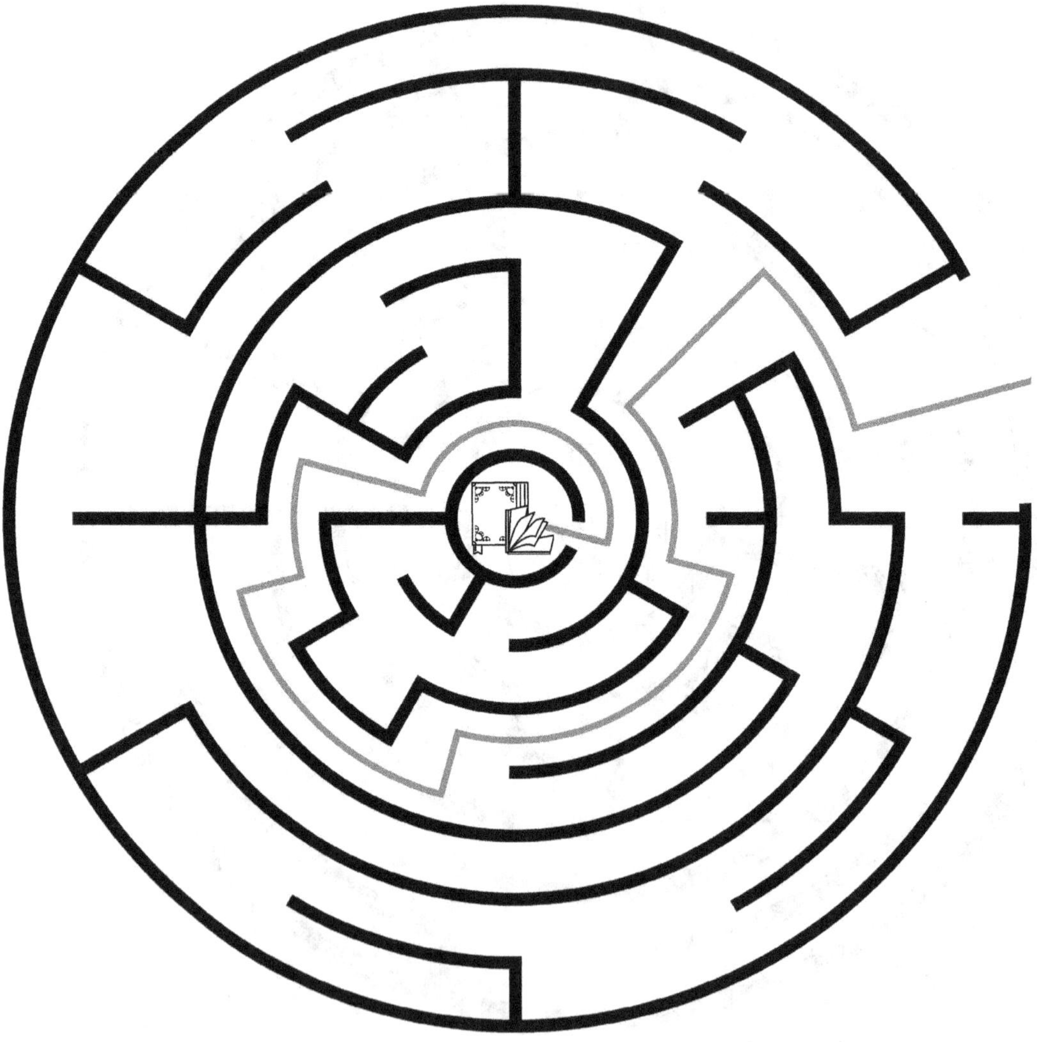

AL IKHLAS

AL IKHLAS

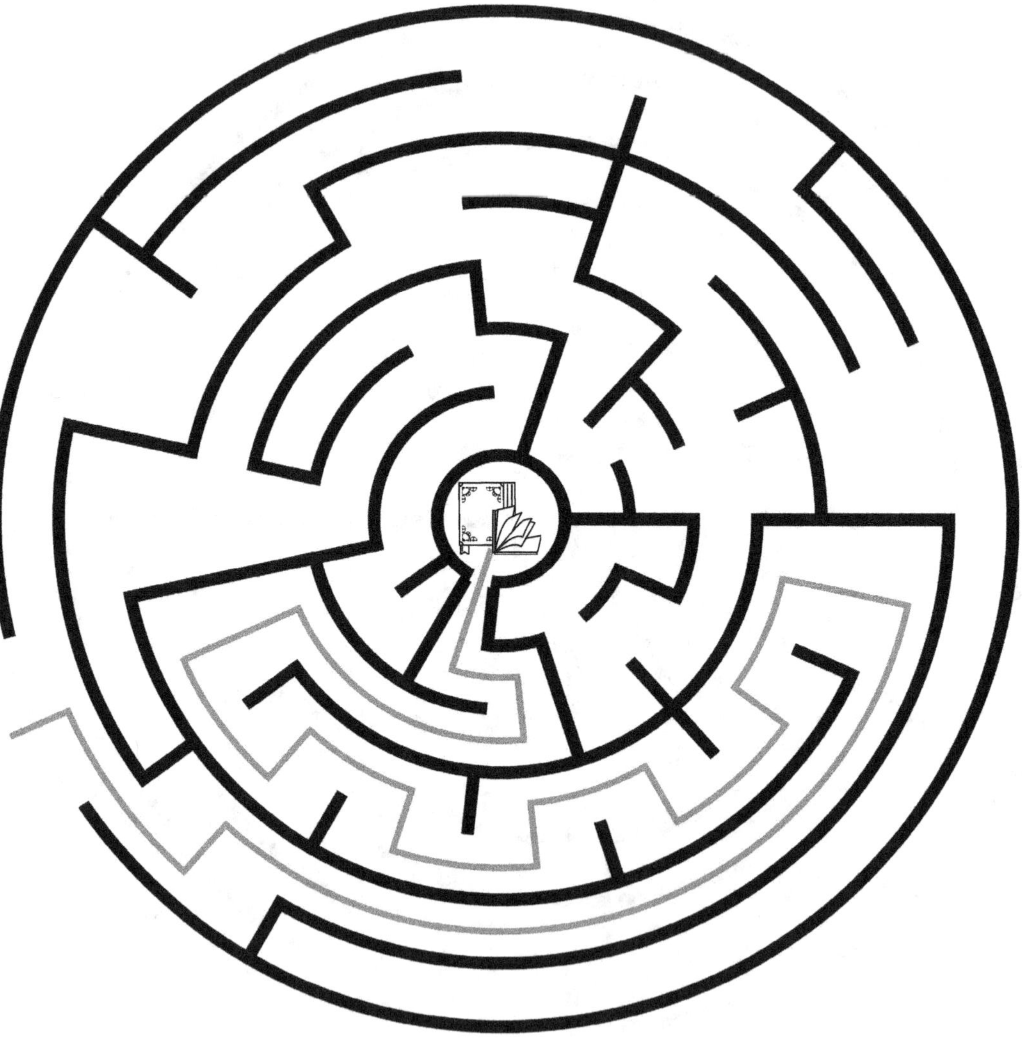

SOLUTION LABYRINTHE CIRCULAIRE N°18

SOLUTION LABYRINTHE CIRCULAIRE N°19

SOLUTION LABYRINTHE RECTANGULAIRE N°1

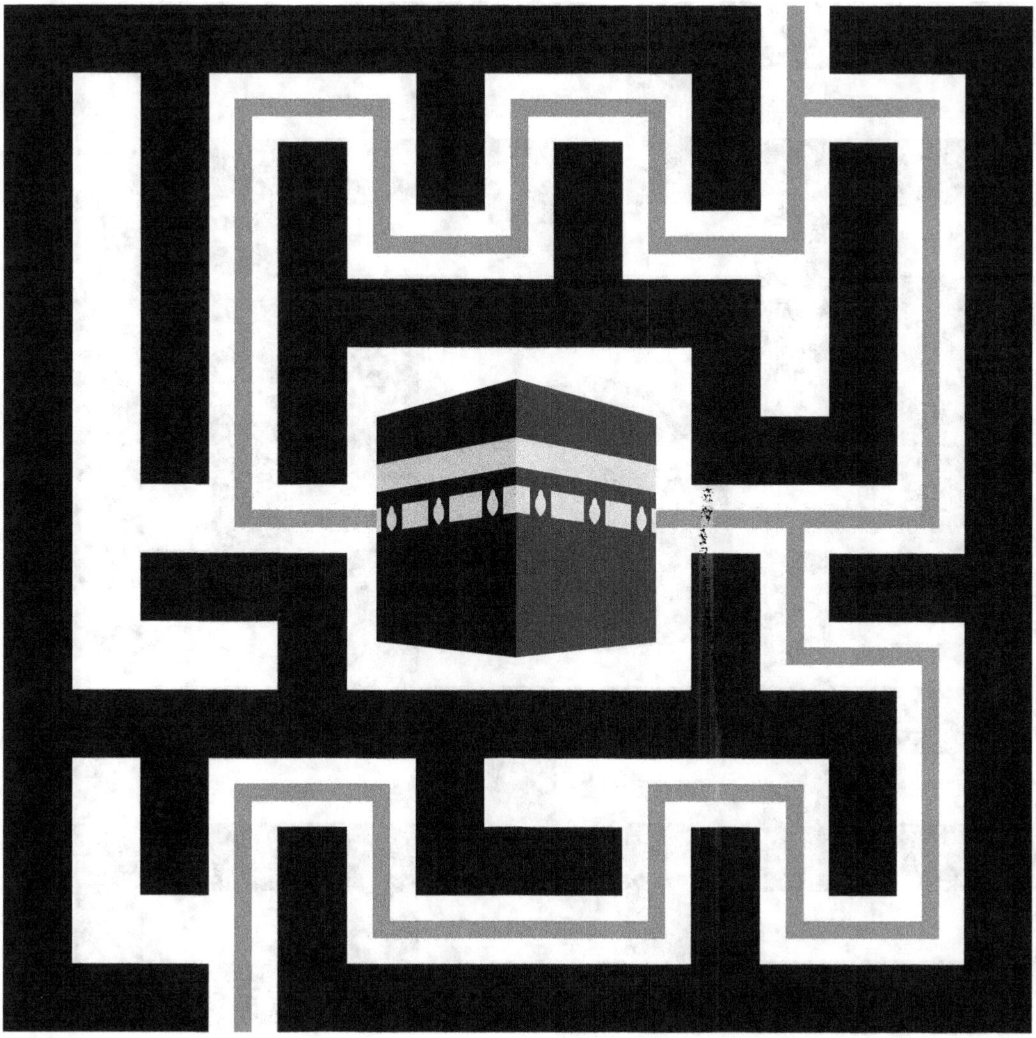

SOLUTION LABYRINTHE RECTANGULAIRE N°2

AL IKHLAS

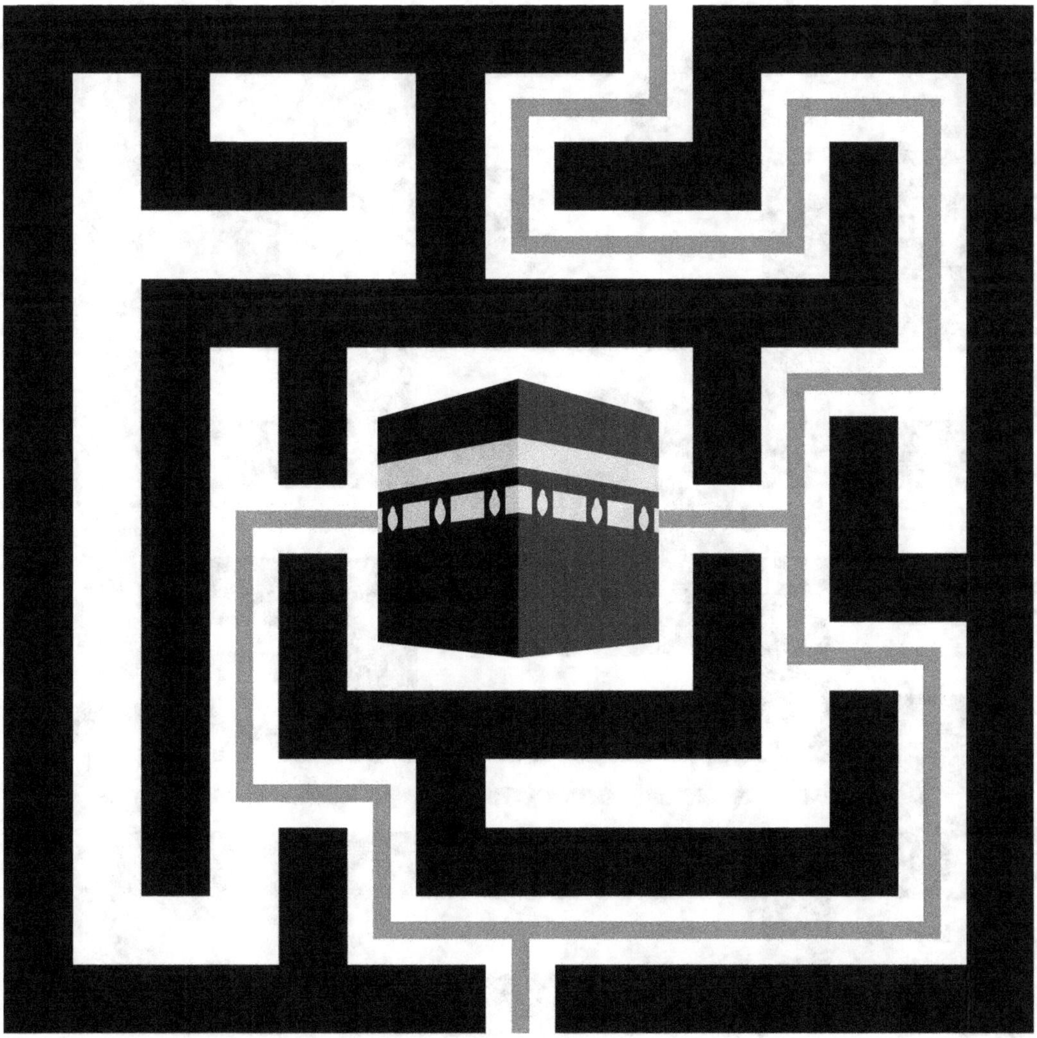

SOLUTION LABYRINTHE RECTANGULAIRE N°4

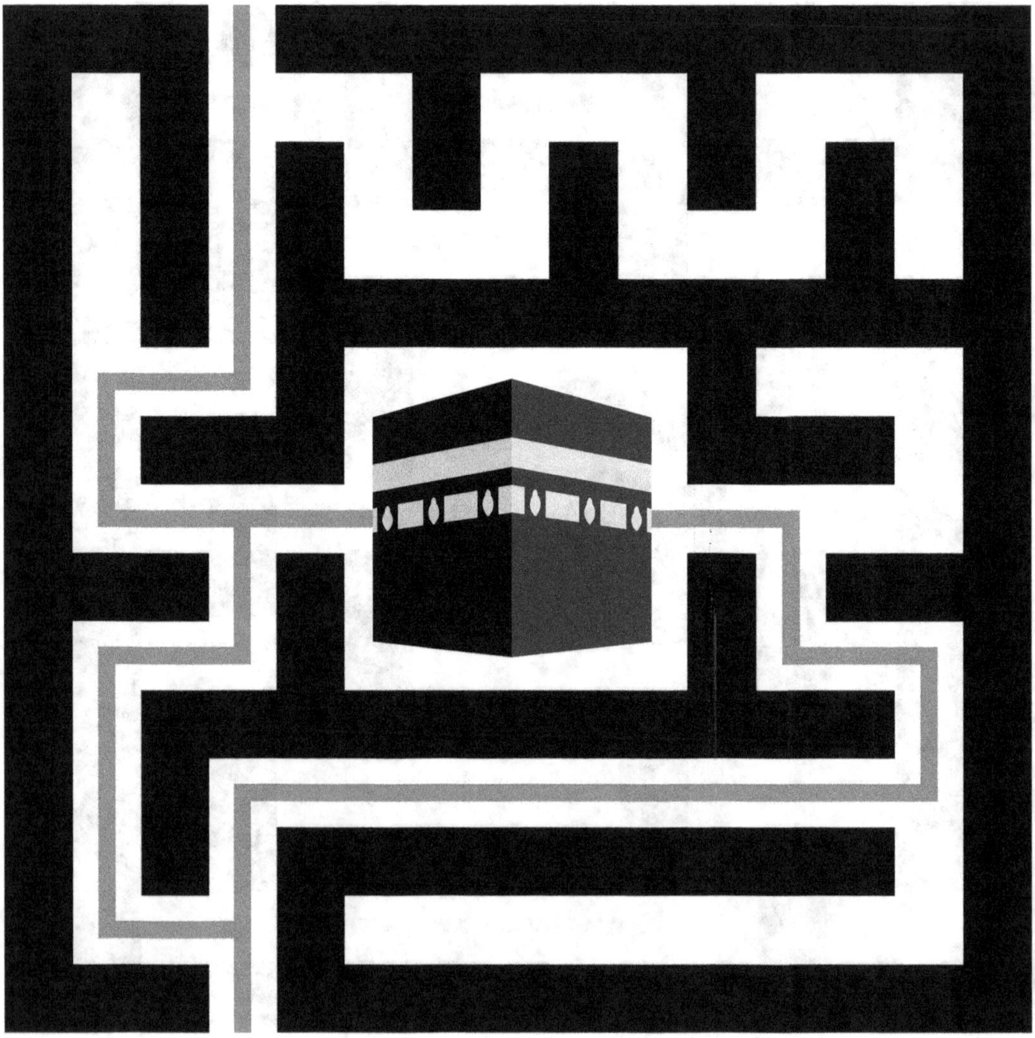

SOLUTION LABYRINTHE RECTANGULAIRE N°5

AL IKHLAS

SOLUTION LABYRINTHE RECTANGULAIRE N°6

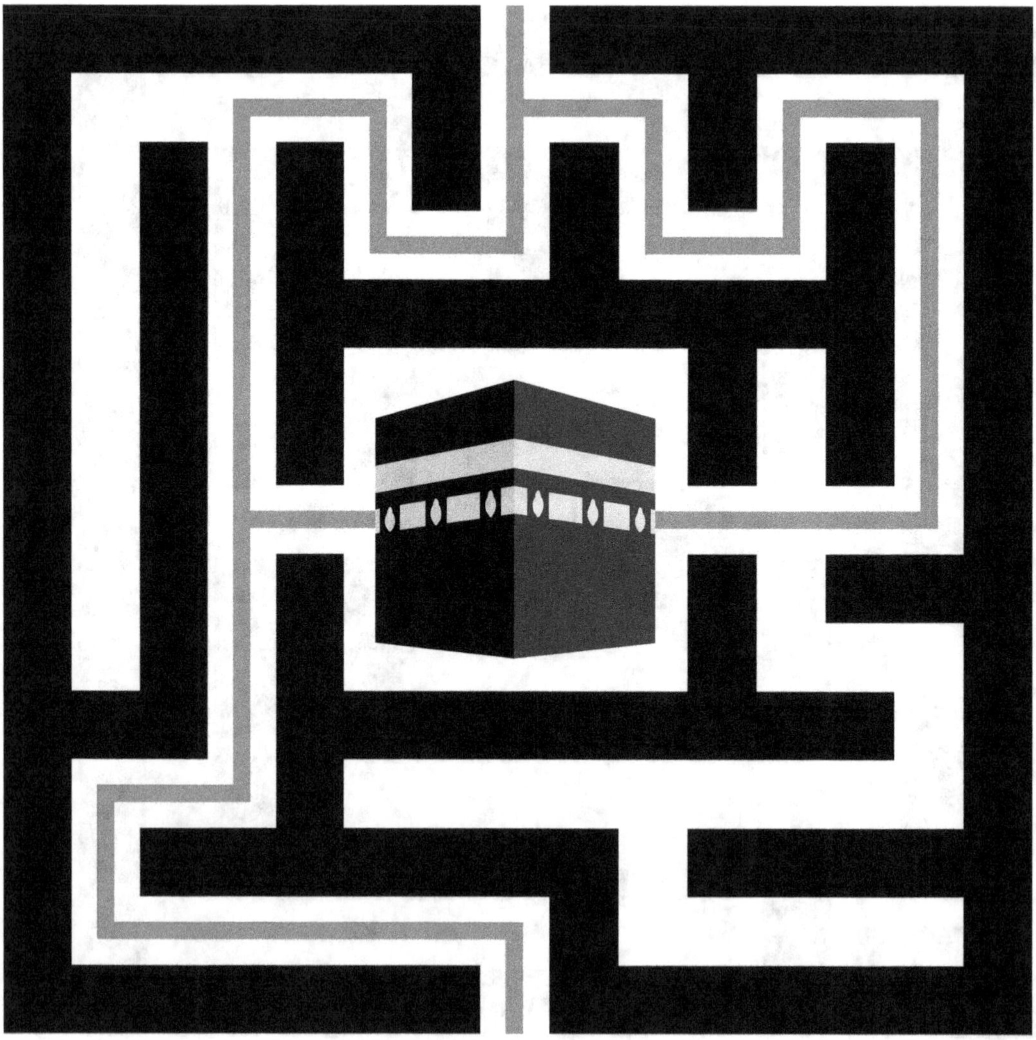

AL IKHLAS

SOLUTION LABYRINTHE RECTANGULAIRE N°8

SOLUTION LABYRINTHE RECTANGULAIRE N°9

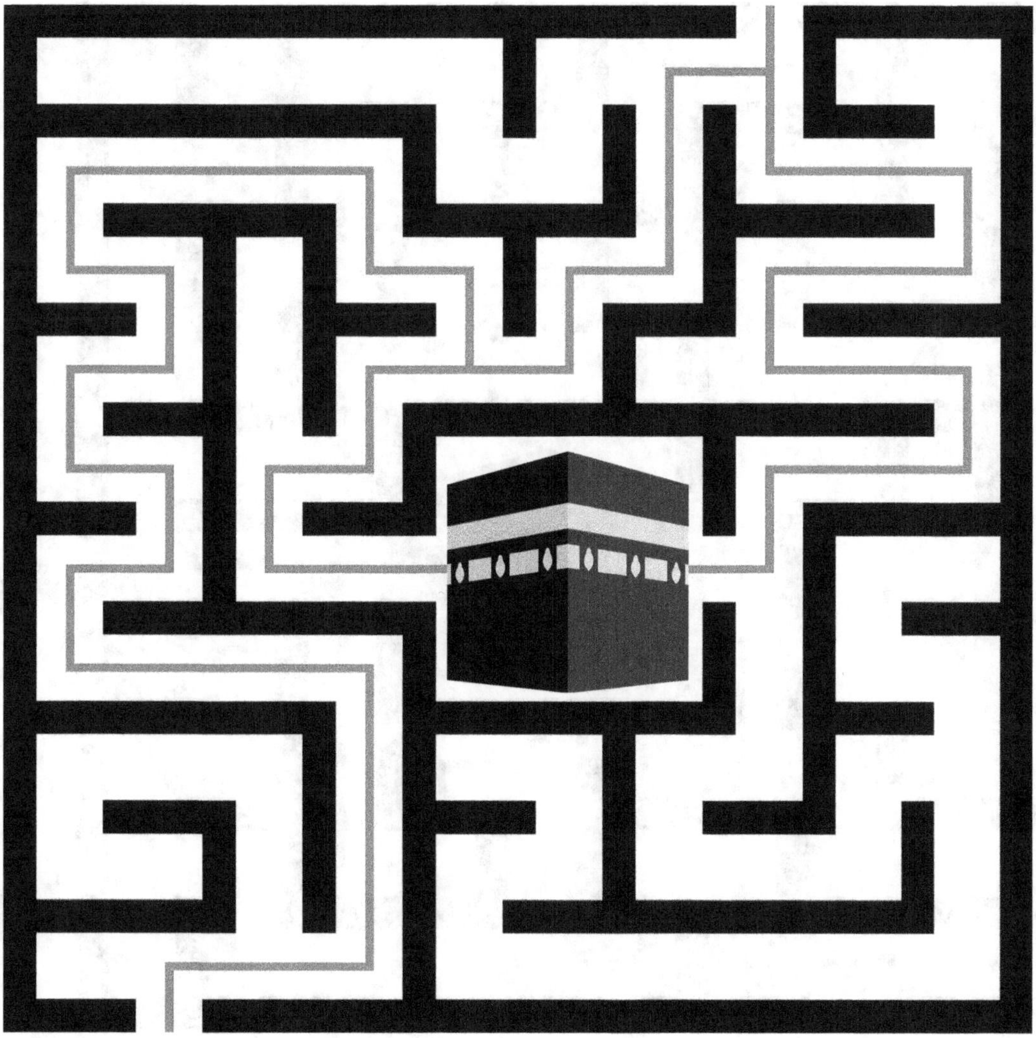

SOLUTION LABYRINTHE RECTANGULAIRE N°10

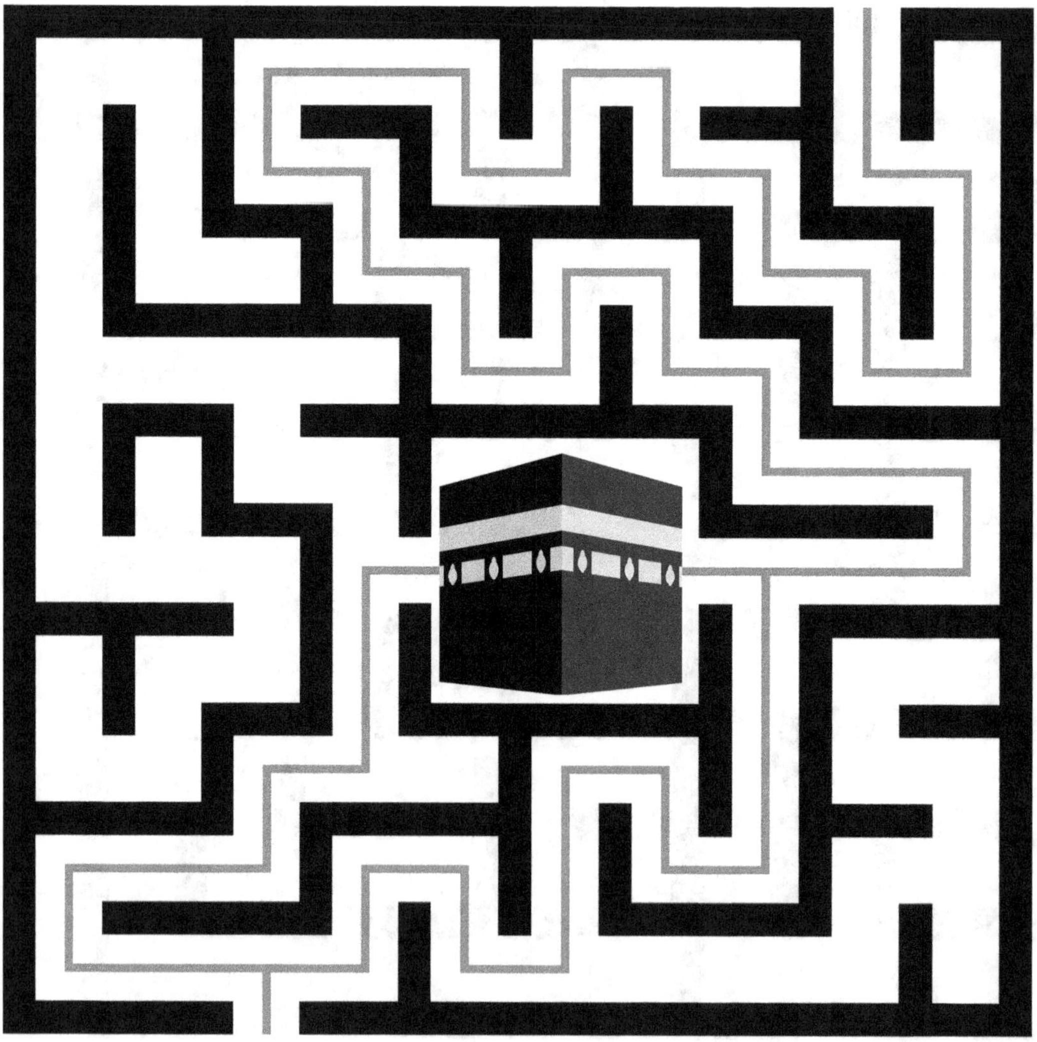

SOLUTION LABYRINTHE RECTANGULAIRE N°11

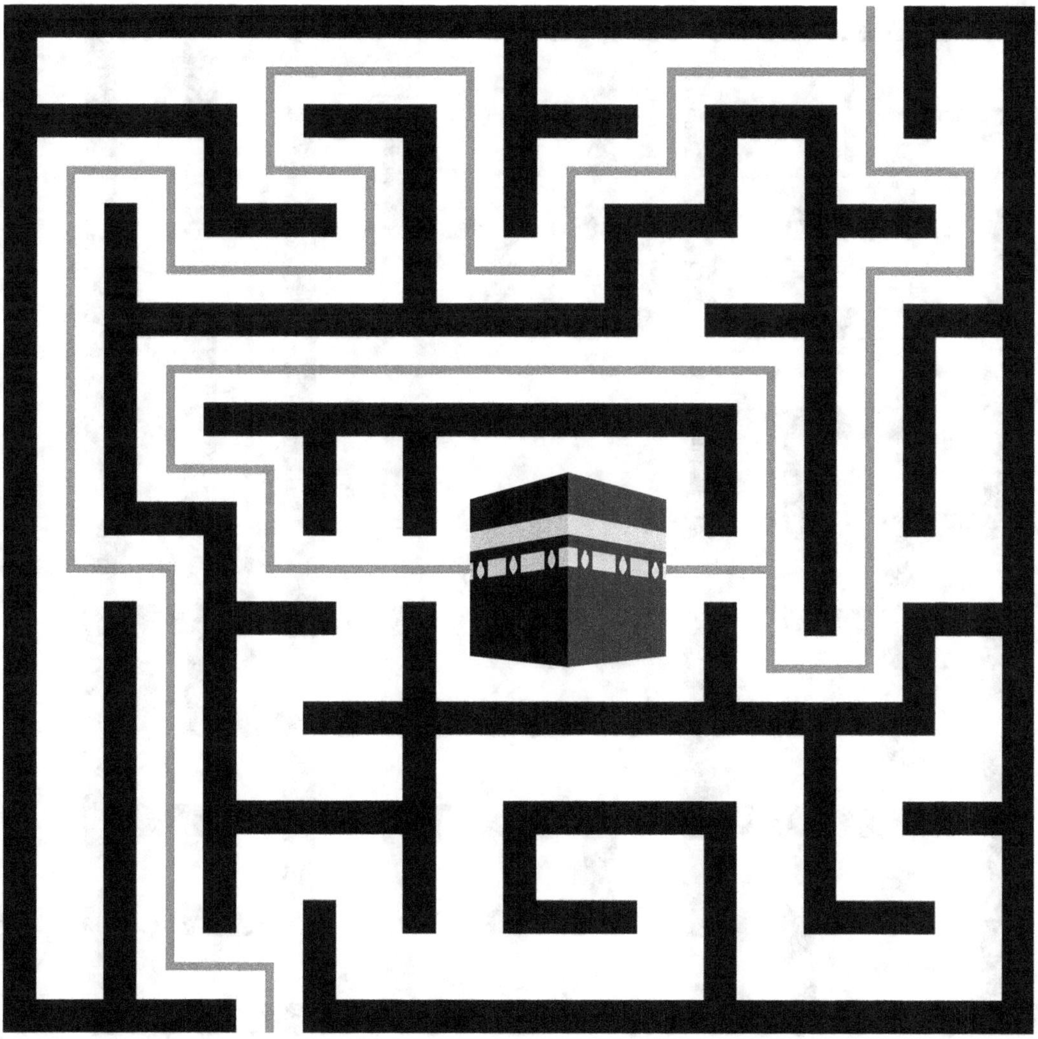

AL IKHLAS

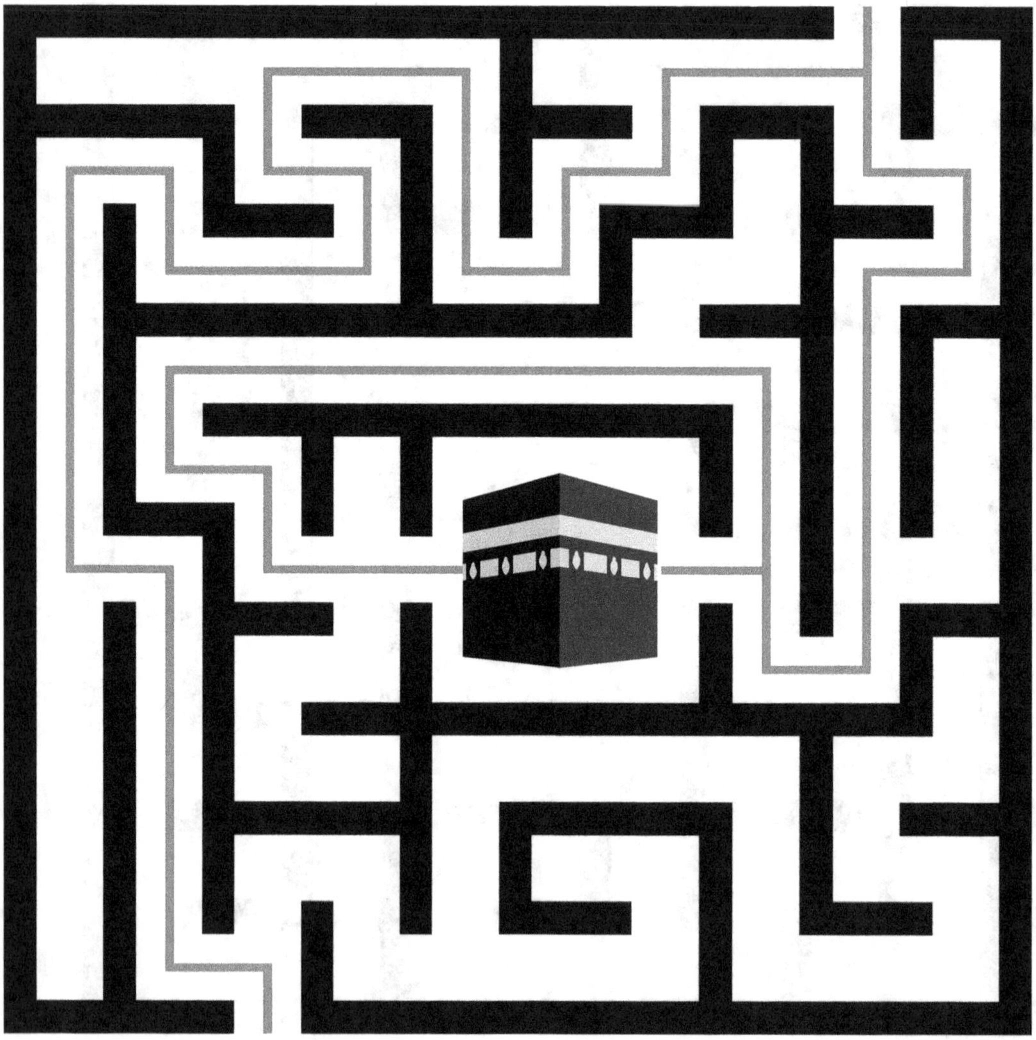

SOLUTION LABYRINTHE RECTANGULAIRE N°13

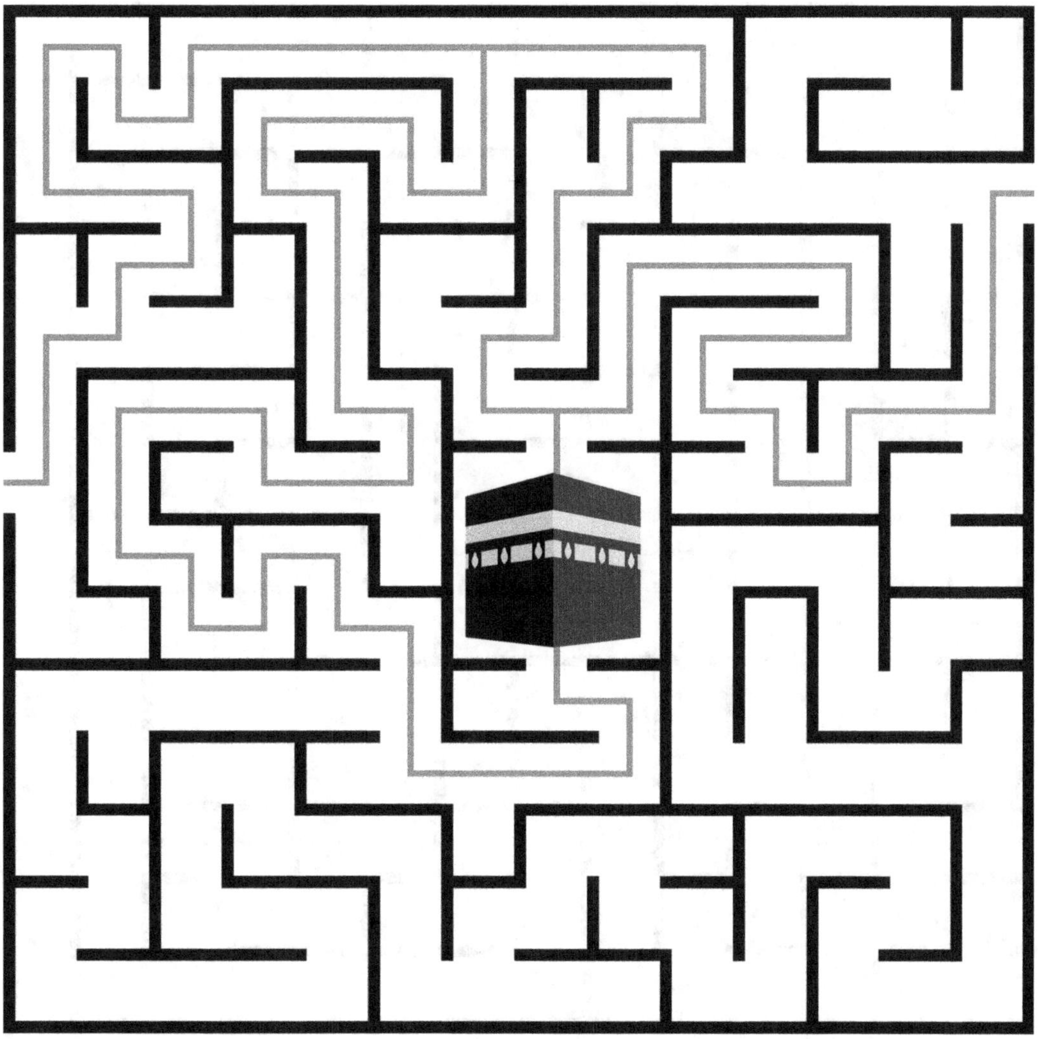

SOLUTION LABYRINTHE RECTANGULAIRE N°14

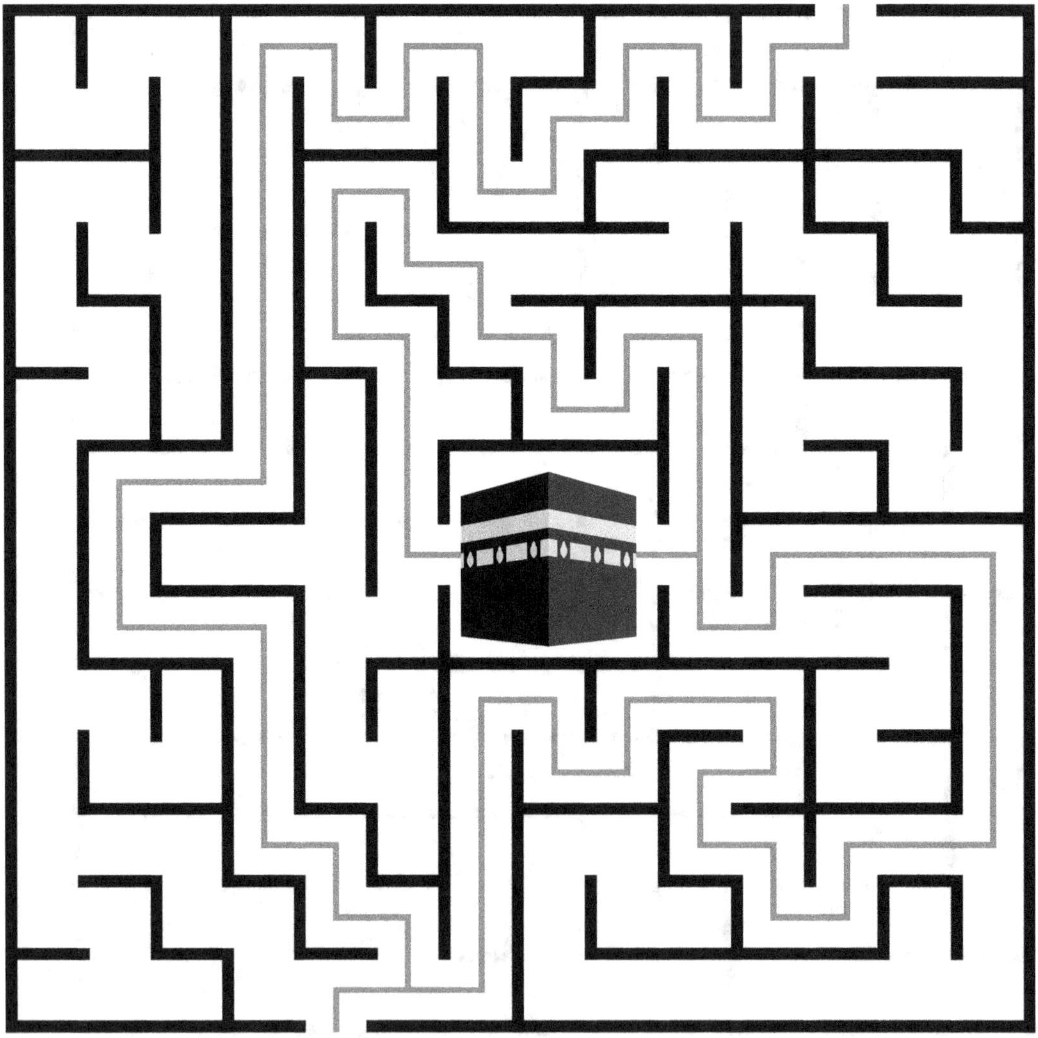

AL IKHLAS

AL IKHLAS

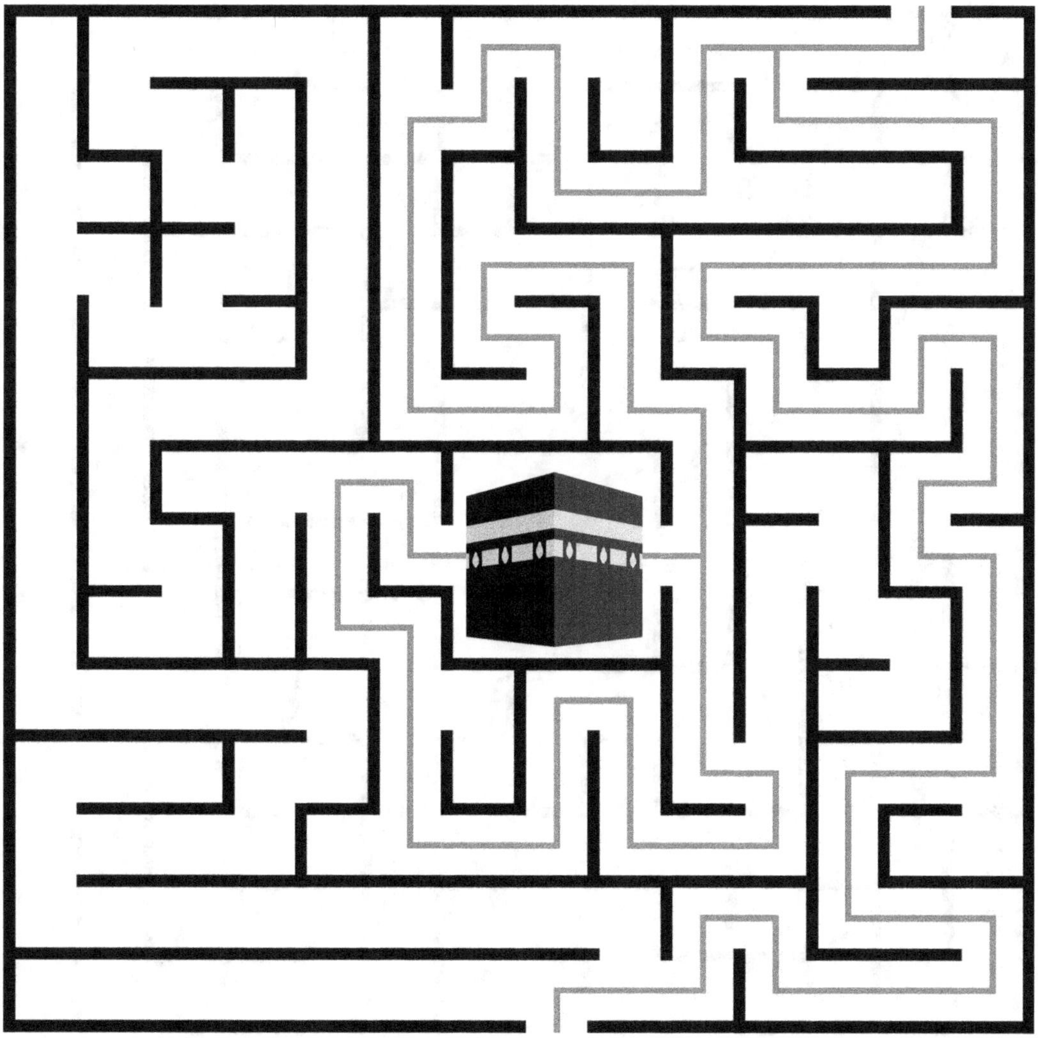

SOLUTION LABYRINTHE RECTANGULAIRE N°16

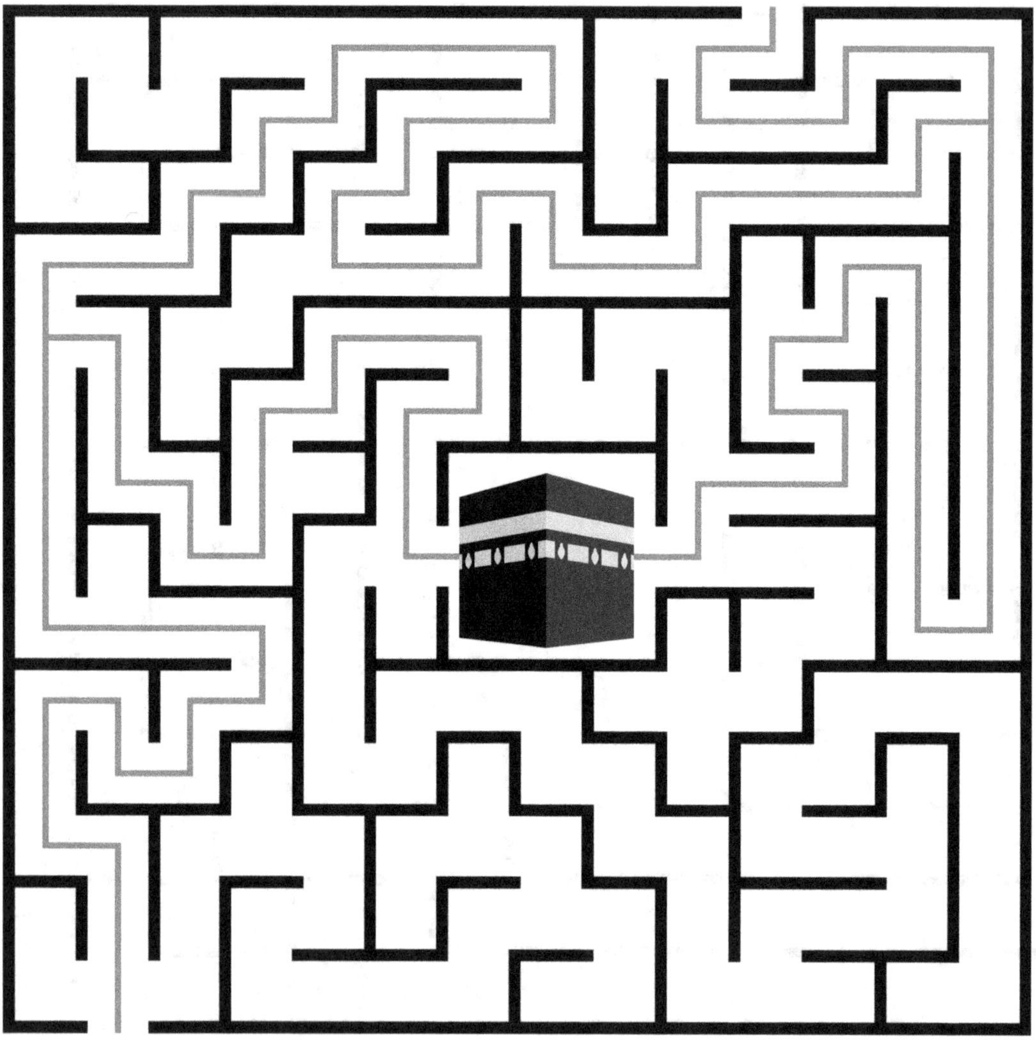

SOLUTION LABYRINTHE RECTANGULAIRE N°17

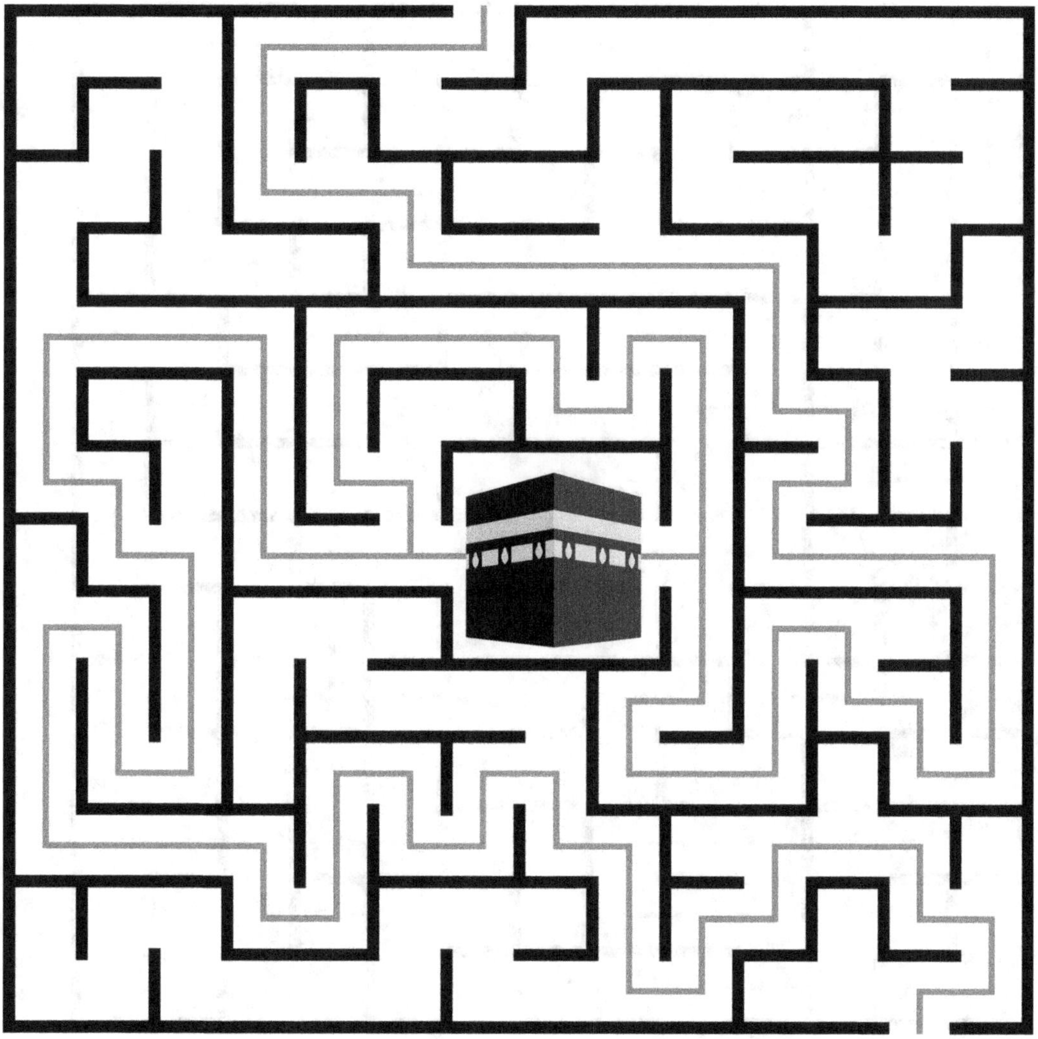

AL IKHLAS

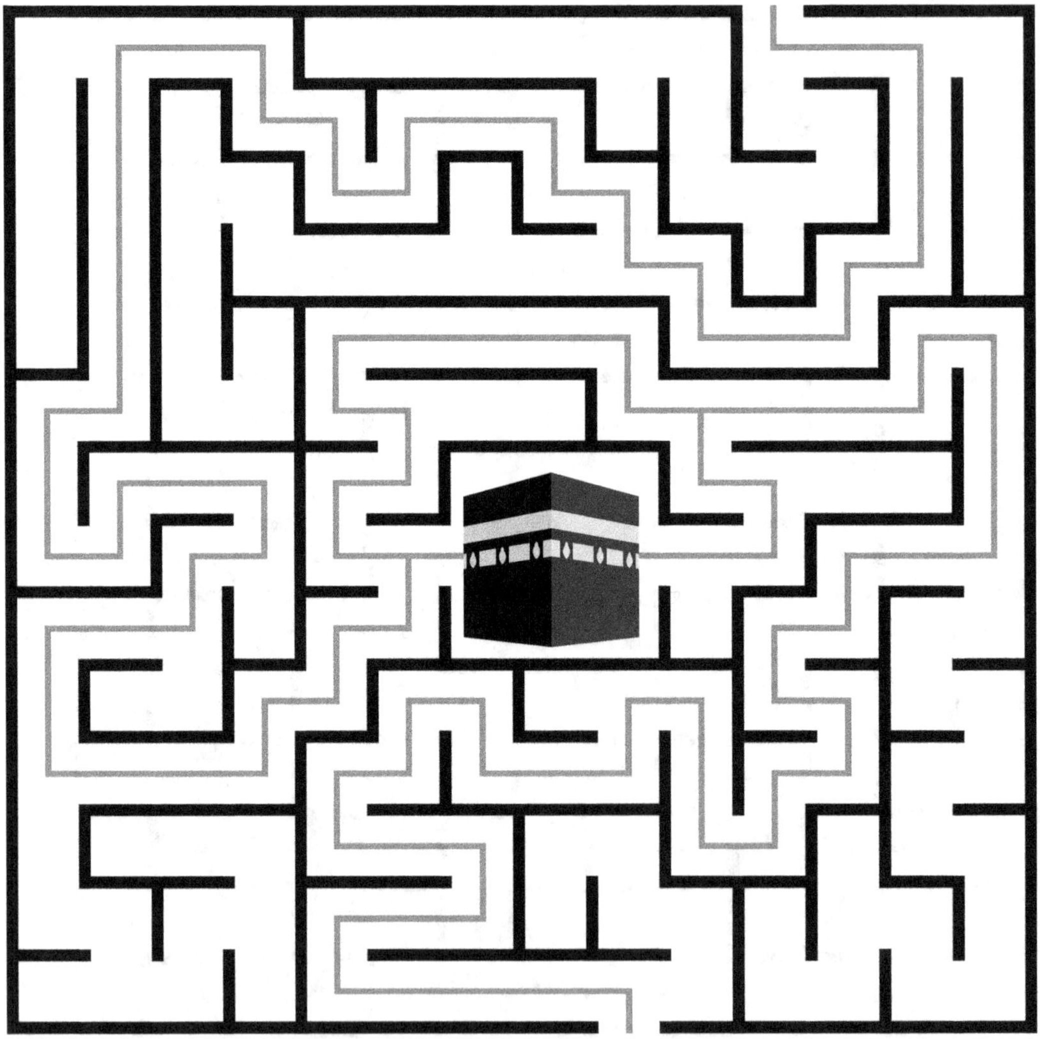

SOLUTION LABYRINTHE RECTANGULAIRE N°19

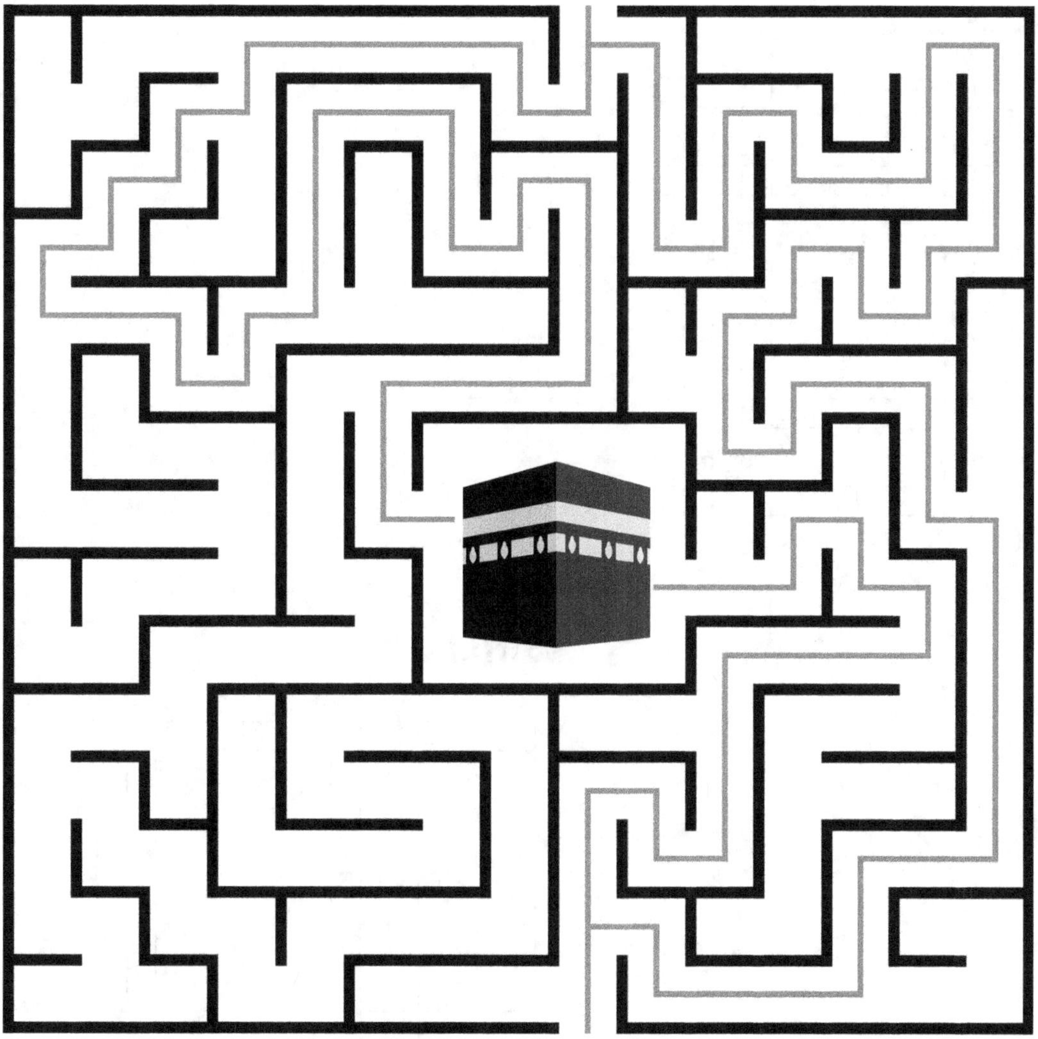

RÉPONSES MOTS-MÊLÉS
EN FRANÇAIS SÉRIE 1

GRILLE N°1

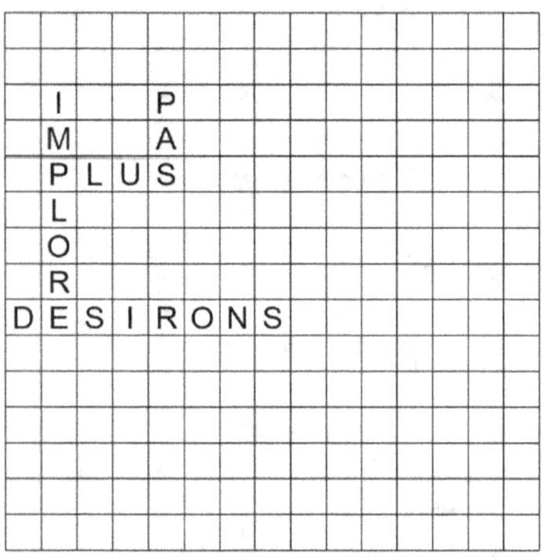

GRILLE N°2

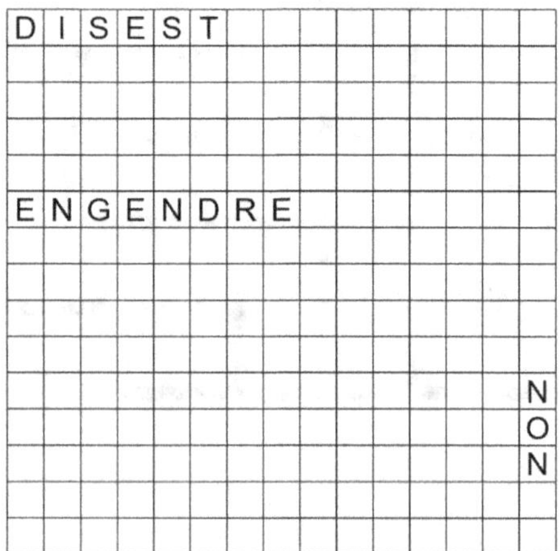

RÉPONSES MOTS-MÊLÉS EN FRANÇAIS SÉRIE 1

GRILLE N°3

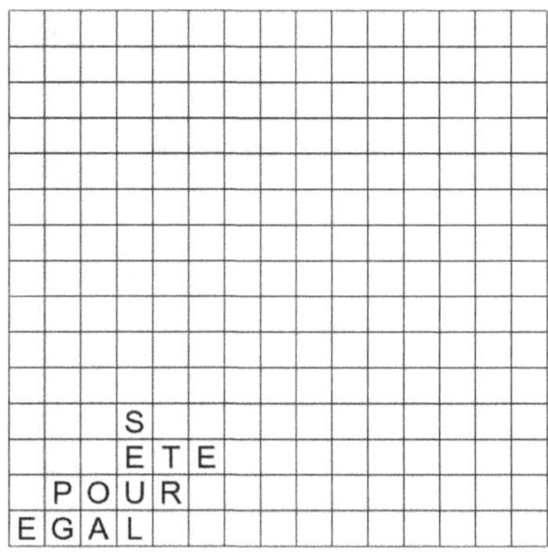

GRILLE N°4

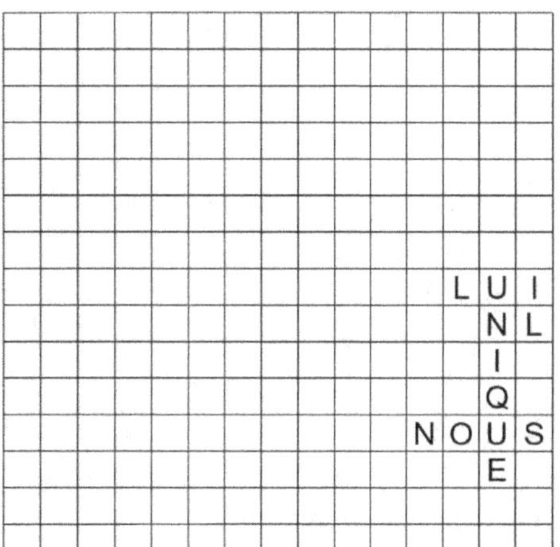

RÉPONSES MOTS-MÊLÉS
EN FRANÇAIS SÉRIE 1

GRILLE N°5

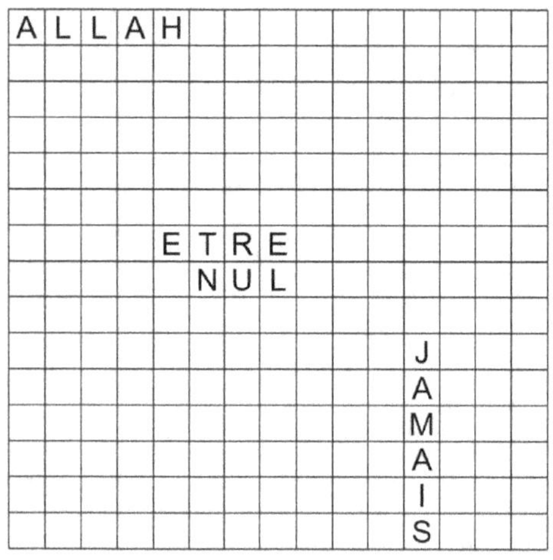

RÉPONSES
MOTS MANQUANTS SÉRIE 1
SOURATE AL IKHLAS EN FRANÇAIS

1 Dis: « Il est **Allah**, Unique.

2 Allah, Le **Seul** à être **imploré** pour ce que nous **désirons**.

3 Il n'a jamais **engendré**, n'a pas été engendré non plus.

4 Et nul n'est **égal** à Lui. »

RÉPONSES MOTS-MÊLÉS
EN FRANÇAIS SÉRIE 2

GRILLE N°1

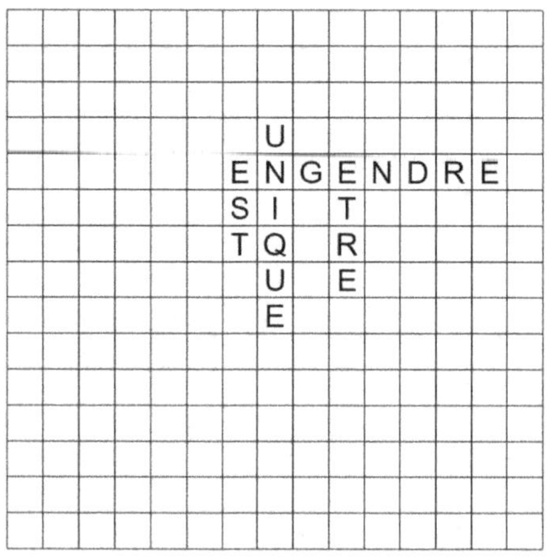

GRILLE N°2

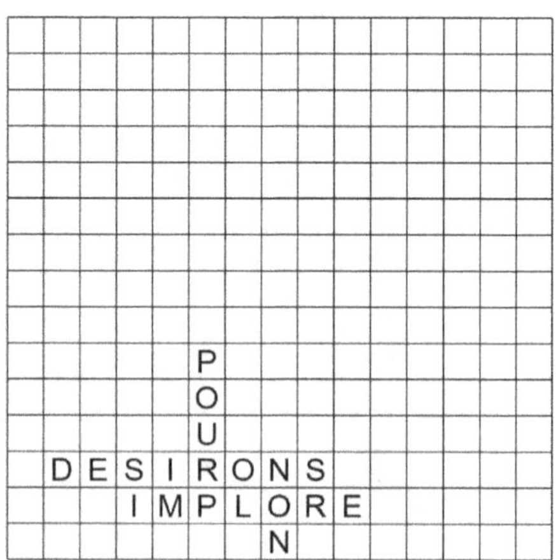

GRILLE N°3

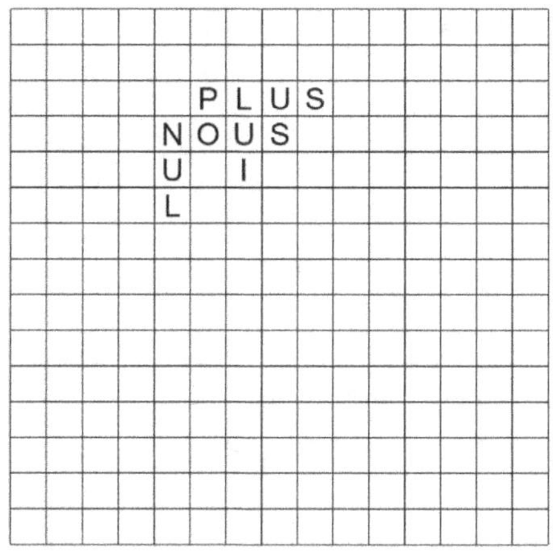

GRILLE N°4

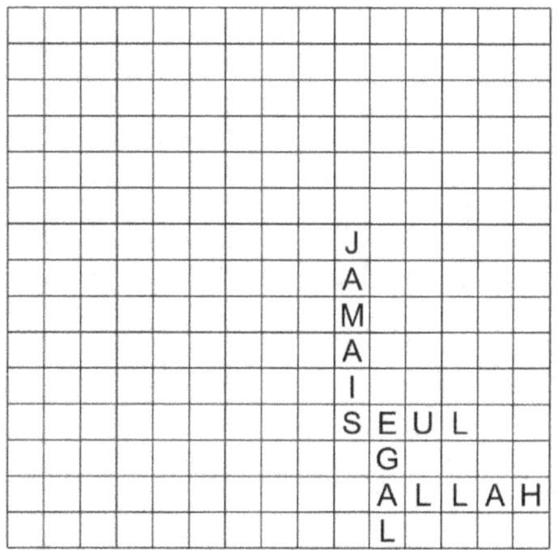

RÉPONSES MOTS-MÊLÉS
EN FRANÇAIS SÉRIE 2

GRILLE N°5

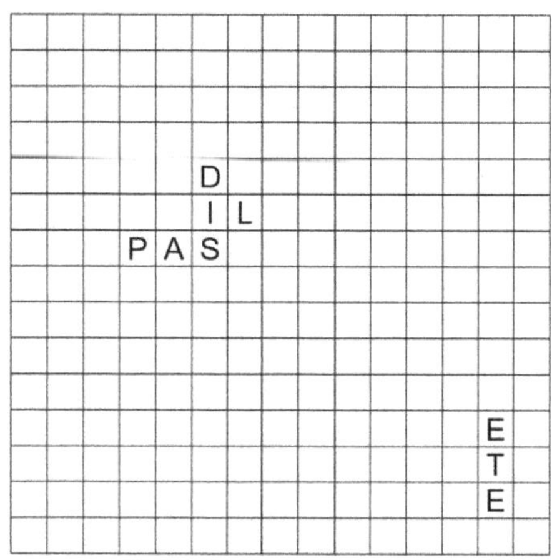

RÉPONSES
MOTS MANQUANTS SÉRIE 2
SOURATE AL IKHLAS EN FRANÇAIS

1 Dis: « Il est Allah, **Unique**.

2 **Allah**, Le **Seul** à être imploré pour ce que nous désirons.

3 Il n'a **jamais** engendré, n'a pas été engendré non plus.

4 Et **nul** n'est égal à Lui. »

RÉPONSES MOTS-MÊLÉS
EN ARABE PHONÉTIQUE SÉRIE 1

GRILLE N°1

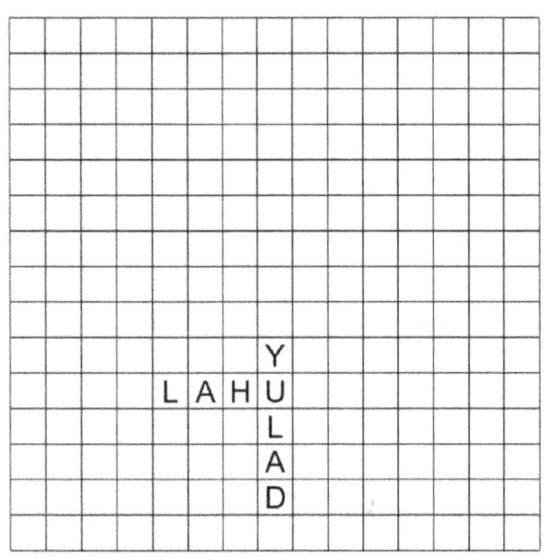

GRILLE N°2

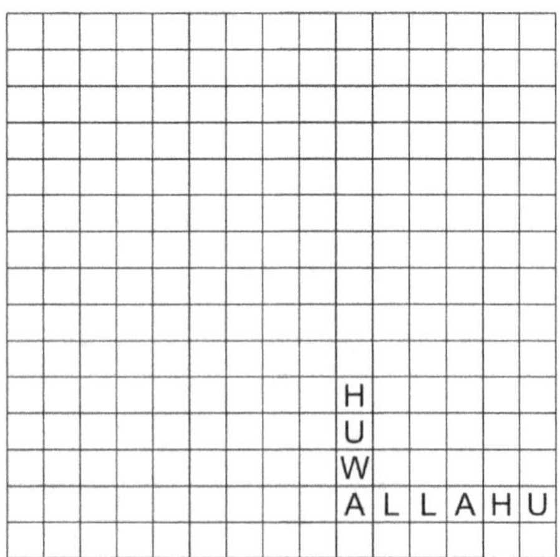

RÉPONSES MOTS-MÊLÉS
EN ARABE PHONÉTIQUE SÉRIE 1

GRILLE N°3

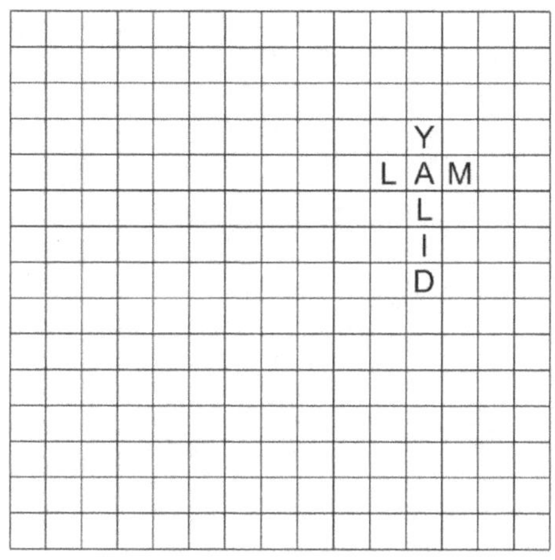

GRILLE N°4

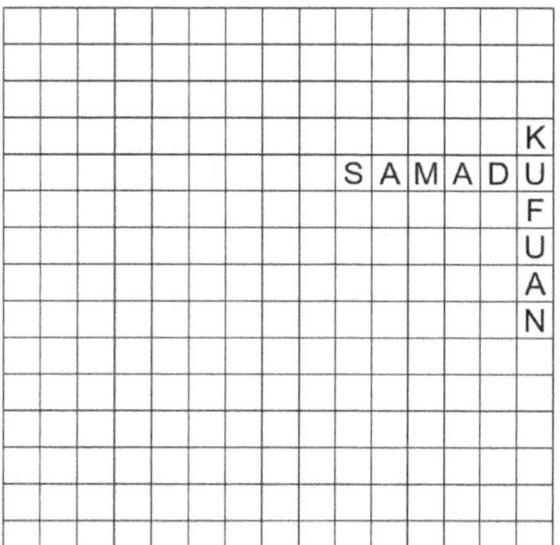

RÉPONSES MOTS-MÊLÉS
EN ARABE PHONÉTIQUE SÉRIE 1

GRILLE N°5

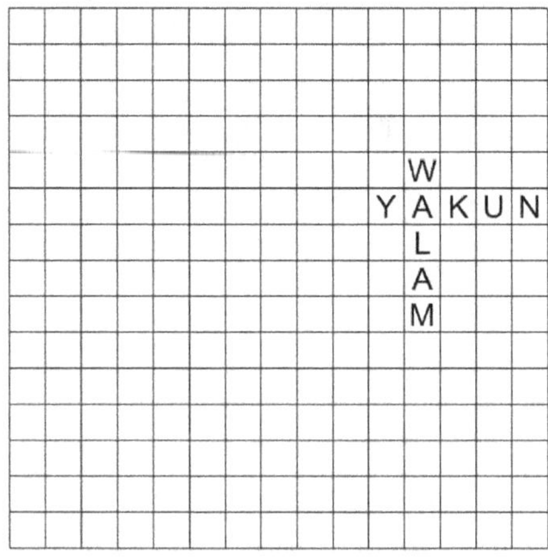

RÉPONSES
MOTS MANQUANTS SÉRIE 1
SOURATE AL IKHLAS EN ARABE PHONÉTIQUE

1 Qul Huwa **Allāhu** 'Aĥadun

2 Allāhu Aş-**Şamadu**

3 Lam Yalid Wa Lam Yūlad

4 **Walam** Yakun Lahu **Kufūan** 'Aĥadun

RÉPONSES MOTS-MÊLÉS
EN ARABE PHONÉTIQUE SÉRIE 2

GRILLE N°1

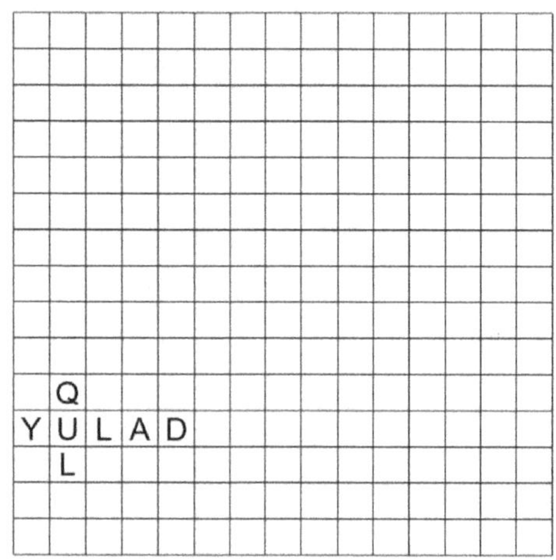

GRILLE N°2

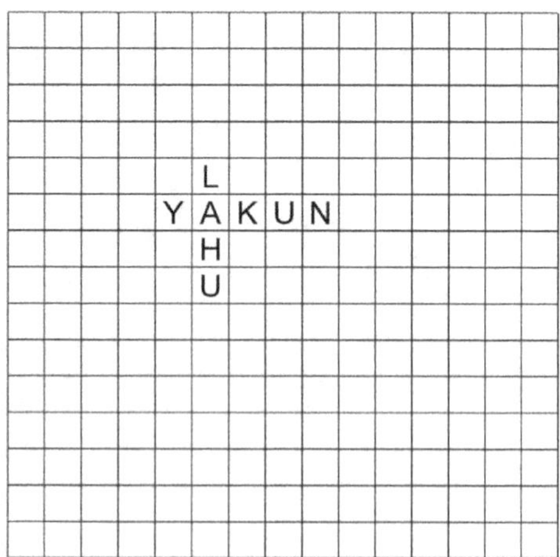

RÉPONSES MOTS-MÊLÉS
EN ARABE PHONÉTIQUE SÉRIE 2

GRILLE N°3

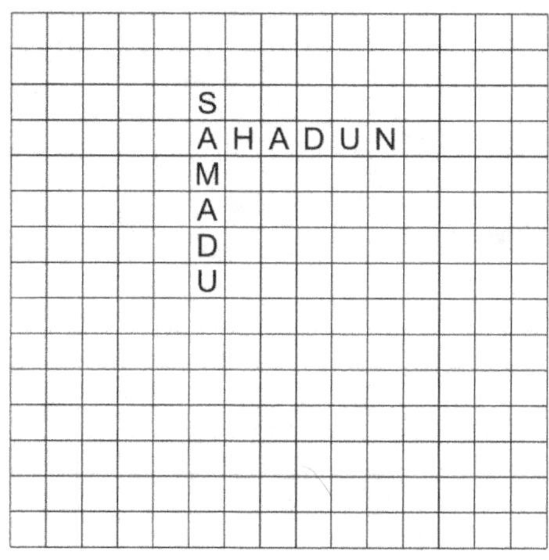

GRILLE N°4

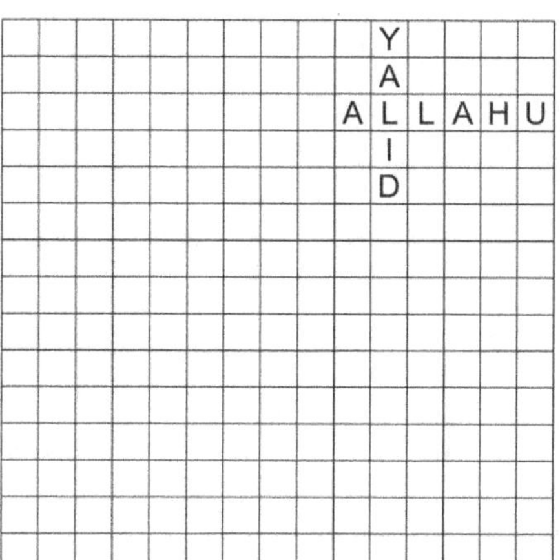

RÉPONSES MOTS-MÊLÉS
EN ARABE PHONÉTIQUE SÉRIE 1

GRILLE N°5

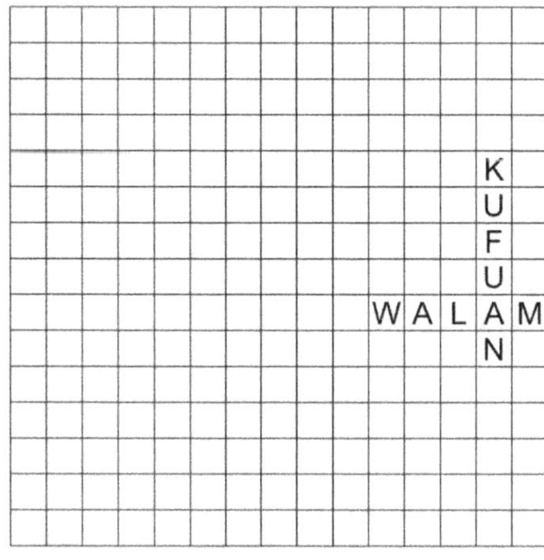

RÉPONSES
MOTS MANQUANTS SÉRIE 2
SOURATE AL IKHLAS EN ARABE PHONÉTIQUE

1 Qul Huwa Allāhu 'Aĥadun

2 **Allāhu** Aş-Şamadu

3 Lam **Yalid** Wa Lam **Yūlad**

4 Walam **Yakun** Lahu Kufūan 'Aĥadun

A SAVOIR ET
A COMPRENDRE

EXPLICATIONS ET
TESTS DE CONNAISSANCES

L'IMPORTANCE DE LA SOURATE AL IKHLAS

Parmi les différentes sourates du Noble Coran, la sourate Al Ikhlas renferme un mérite immense et sa récitation procure des bienfaits énormes.

Al Ikhlas peut être traduit par "le monothéisme pur".

Bien qu'elle ne soit composée que de quatre versets, cette sourate nous a appris énormément dans notre croyance.

LE PROPHÈTE (QUE LA PRIÈRE D'ALLAH ET SON SALUT SOIENT SUR LUI) **NOUS A AFFIRMÉ QUE CETTE SOURATE ÉQUIVAUT AU TIERS DU CORAN BIEN QU'ELLE NE REMPLACE PAS LE TIERS DU CORAN.**

Et pour comprendre la grandeur de cette sourate commençons par découvrir le contexte et la cause de sa révélation.

LE CONTEXTE DE SA RÉVÉLATION

Il a été dit que les enfants d'Israël ont demandé au Prophète* : « Décris-nous ton Seigneur ».

Il a été rapporté que les enfants d'Israël ont dit qu'ils adoraient Ozair, que les chrétiens ont dit qu'ils adoraient Jésus, que les Mages ont dit qu'ils adoraient le feu, que les polythéistes ont dit qu'ils adoraient les idoles, et c'est dans ce contexte qu'Allah** révéla cette sourate .

*que la prière d'Allah et son salut soient sur lui
**qu'Il soit exalté

TESTE TES CONNAISSANCES

PAR QUELLE EXPRESSION PEUT-ON TRADUIRE AL IKHLAS ?

COMBIEN DE VERSETS COMPOSENT LA SOURATE AL IKHLAS ?

A QUOI ÉQUIVAUT LA SOURATE AL IKHLAS ?

A SAVOIRE ET A COMPRENDRE

AL IKHLAS

LES MÉRITES DE AL IKHLAS

Elle procure de nombreux bienfaits dont le principal est celui de protéger.
Elle soigne et protège contre différents maux.
Découvrons la manière dont il convient de la réciter.

AVANT LE COUCHER

Cette sourate est spécialement protectrice si elle est récitée avec les sourates An Nas et Al Falaq. Le soir avant de dormir, les trois sourates doivent être récitées l'une après l'autre, en joignant ses mains qu'il faut humecter très légèrement en projetant de la salive, avant de les essuyer sur tout son corps, en commençant par le haut du corps et en finissant par le bas. Cela doit être répété trois fois.

APRÈS LA PRIÈRE

Les bienfaits procurés sont énormes lorsque cette sourate accompagnée des sourates An Nas et Al Falaq sont récitées après chaque prière.

Les mérites sont particulièrement considérables lorsqu'elles sont dites après la prière du Fadjr et après la prière du 'Asr, lors de ce que l'on appelle les invocations du matin et du soir. Les sourates doivent être récitées chacune l'une après l'autre et répétées trois fois.

TESTE TES CONNAISSANCES

LES MÉRITES DE AL IKHLAS

QUELLES SONT LES DEUX AUTRES SOURATES QU'IL CONVIENT D'ASSOCIER À AL IKHAS ?

____

____

QUELLES SONT LES DEUX PRIÈRES À LA SUITE DESQUELLES LA RÉCITATION DES TROIS SOURATES PROCURENT DES MÉRITES PARTICULIÈREMENT CONSIDÉRABLES ?

____

____

AU COUCHER, DE QUELLE MANIÈRE DOIVENT ÊTRE RÉCITÉES LES TROIS SOURATES ?

____

____

____

____

____

Cette sourate peut nous faire gagner l'amour d'Allah (qu'Il soit exalté) comme il est rapporté : un homme qui dirigeait la prière des musulmans, finissait par réciter à chaque fois cette sourate. Les fidèles derrière lui, intrigués, allèrent rapporter cela au Prophète (que la prière d'Allah et son salut soient sur lui). Le Prophète* demanda à l'homme pourquoi il récitait toujours cette sourate avec une autre. L'homme répondit qu'il aimait cette sourate car elle contenait la description d'Allah**, Le Prophète* répondit que cela a valu à l'homme l'amour d'Allah**.

*que la prière d'Allah et son salut soient sur lui
**qu'Il soit exalté

EXPLICATION DE TROIS NOTIONS POUR MIEUX COMPRENDRE LA SOURATE

Pour mieux comprendre cette magnifique sourate, voyons la signification de trois des plus importants mots ou expressions qui la composent.

"ÉTERNEL SEIGNEUR" (SAMAD) :
"Samad" est un nom parmi les nombreux noms d'Allah* et une de ses traductions est "l'Eternel Seigneur". Ce qui signifie qu'Il est parfait et que toutes ses créatures ne peuvent se passer de Lui alors que Lui peut se passer de ses créatures.

"ÊTRE ENGENDRÉ" :
Allah* ne peut avoir de descendance, car comme les enfants répondent à un manque, Allah* par sa perfection ne peut avoir de manque. Allah* n'a pas été engendré car Il est le premier, il n'y a rien avant Lui.

"SANS 'ÉGAL" :
Nul n'est égal à Allah* et rien ne saurait lui ressembler dans aucun de ses noms et attributs, aucune de ses créatures ne lui ressemble.

*qu'Il soit exalté

TESTE TES CONNAISSANCES

1

QUELLE EST L'UNE DES
TRADUCTIONS DE "SAMAD" ?

____

2

ALLAH* A-T-IL UNE
DESCENDANCE ?

____

____

____

3

QUE SIGNIFIE
"ÊTRE SANS ÉGAL" ?

____

____

____

____

____

*qu'Il soit exalté

APPRENDS LA SOURATE AL IKHLAS EN ARABE PHONÉTIQUE

RECOPIE CHACUN DES 4 VERSETS EN ARABE PHONÉTIQUE

1 Qul Huwa Allāhu 'Aĥadun
(Dis: « Il est Allah, Unique.)

----

2 Allāhu Aş-Şamadu
(Allah, Le Seul à être imploré pour ce que nous désirons.)

----

3 Lam Yalid Wa Lam Yūlad
(Il n'a jamais engendré, n'a pas été engendré non plus.)

----

4 Walam Yakun Lahu Kufūan 'Aĥadun
(Et nul n'est égal à Lui. »)

APPRENDS LA SOURATE AL IKHLAS EN ARABE PHONÉTIQUE

RECOPIE CHACUN DES 4 VERSETS EN ARABE PHONÉTIQUE

1 Qul Huwa Allāhu 'Aĥadun
(Dis: « Il est Allah, Unique.)

----

2 Allāhu Aş-Şamadu
(Allah, Le Seul à être imploré pour ce que nous désirons.)

----

3 Lam Yalid Wa Lam Yūlad
(Il n'a jamais engendré, n'a pas été engendré non plus.)

----

4 Walam Yakun Lahu Kufūan 'Aĥadun
(Et nul n'est égal à Lui. »)

APPRENDS LA SOURATE AL IKHLAS EN ARABE PHONÉTIQUE

RECOPIE CHACUN DES 4 VERSETS EN ARABE PHONÉTIQUE

1 Qul Huwa Allāhu 'Aĥadun

(Dis: « Il est Allah, Unique.)

----

2 Allāhu Aş-Şamadu

(Allah, Le Seul à être imploré pour ce que nous désirons.)

----

3 Lam Yalid Wa Lam Yūlad

(Il n'a jamais engendré, n'a pas été engendré non plus.)

----

4 Walam Yakun Lahu Kufūan 'Aĥadun

(Et nul n'est égal à Lui. »)

APPRENDS LA SOURATE AL IKHLAS EN ARABE PHONÉTIQUE

RECOPIE CHACUN DES 4 VERSETS EN ARABE PHONÉTIQUE

1 Qul Huwa Allāhu 'Aĥadun

(Dis: « Il est Allah, Unique.)

---

2 Allāhu Aş-Şamadu

(Allah, Le Seul à être imploré pour ce que nous désirons.)

---

3 Lam Yalid Wa Lam Yūlad

(Il n'a jamais engendré, n'a pas été engendré non plus.)

---

4 Walam Yakun Lahu Kufūan 'Aĥadun

(Et nul n'est égal à Lui. »)

APPRENDS LA SOURATE AL IKHLAS EN ARABE PHONÉTIQUE

RECOPIE CHACUN DES 4 VERSETS EN ARABE PHONÉTIQUE

1 Qul Huwa Allāhu 'Aĥadun
(Dis: « Il est Allah, Unique.)

----

2 Allāhu Aş-Şamadu
(Allah, Le Seul à être imploré pour ce que nous désirons.)

----

3 Lam Yalid Wa Lam Yūlad
(Il n'a jamais engendré, n'a pas été engendré non plus.)

----

4 Walam Yakun Lahu Kufūan 'Aĥadun
(Et nul n'est égal à Lui. »)

APPRENDS LA SOURATE AL IKHLAS EN ARABE PHONÉTIQUE

AL IKHLAS

RECOPIE CHACUN DES 4 VERSETS EN ARABE PHONÉTIQUE

1 Qul Huwa Allāhu 'Aĥadun

(Dis: « Il est Allah, Unique.)

----

2 Allāhu Aş-Şamadu

(Allah, Le Seul à être imploré pour ce que nous désirons.)

----

3 Lam Yalid Wa Lam Yūlad

(Il n'a jamais engendré, n'a pas été engendré non plus.)

----

4 Walam Yakun Lahu Kufūan 'Aĥadun

(Et nul n'est égal à Lui. »)

APPRENDS LA SOURATE AL IKHLAS EN ARABE PHONÉTIQUE

RECOPIE CHACUN DES 4 VERSETS EN ARABE PHONÉTIQUE

1 Qul Huwa Allāhu 'Aĥadun

(Dis: « Il est Allah, Unique.)

----

2 Allāhu Aş-Şamadu

(Allah, Le Seul à être imploré pour ce que nous désirons.)

----

3 Lam Yalid Wa Lam Yūlad

(Il n'a jamais engendré, n'a pas été engendré non plus.)

----

4 Walam Yakun Lahu Kufūan 'Aĥadun

(Et nul n'est égal à Lui. »)

APPRENDS LA SOURATE AL IKHLAS EN ARABE PHONÉTIQUE

RECOPIE CHACUN DES 4 VERSETS EN ARABE PHONÉTIQUE

1 Qul Huwa Allāhu 'Aĥadun
(Dis: « Il est Allah, Unique.)

----

2 Allāhu Aş-Şamadu
(Allah, Le Seul à être imploré pour ce que nous désirons.)

----

3 Lam Yalid Wa Lam Yūlad
(Il n'a jamais engendré, n'a pas été engendré non plus.)

----

4 Walam Yakun Lahu Kufūan 'Aĥadun
(Et nul n'est égal à Lui. »)

APPRENDS LA SOURATE AL IKHLAS EN ARABE PHONÉTIQUE

RECOPIE CHACUN DES 4 VERSETS EN ARABE PHONÉTIQUE

1 Qul Huwa Allāhu 'Aĥadun

(Dis: « Il est Allah, Unique.)

____

2 Allāhu Aş-Şamadu

(Allah, Le Seul à être imploré pour ce que nous désirons.)

____

3 Lam Yalid Wa Lam Yūlad

(Il n'a jamais engendré, n'a pas été engendré non plus.)

____

4 Walam Yakun Lahu Kufūan 'Aĥadun

(Et nul n'est égal à Lui. »)

____

APPRENDS LA SOURATE AL IKHLAS EN ARABE PHONÉTIQUE

RECOPIE CHACUN DES 4 VERSETS EN ARABE PHONÉTIQUE SANS MODÈLE

1 ____

2 ____

3 ____

4 ____

APPRENDS LA SOURATE AL IKHLAS EN ARABE PHONÉTIQUE

RECOPIE CHACUN DES 4 VERSETS EN ARABE PHONÉTIQUE SANS MODÈLE

1 ____

2 ____

3 ____

4 ____

APPRENDS LA SOURATE AL IKHLAS EN ARABE PHONÉTIQUE

AL IKHLAS

RECOPIE CHACUN DES 4 VERSETS EN ARABE PHONÉTIQUE SANS MODÈLE

1 --

2 --

3 --

4 --

APPRENDS LA SOURATE AL IKHLAS EN ARABE PHONÉTIQUE

RECOPIE CHACUN DES 4 VERSETS EN ARABE PHONÉTIQUE SANS MODÈLE

1 ____

2 ____

3 ____

4 ____

APPRENDS LA SOURATE AL IKHLAS EN ARABE PHONÉTIQUE

RECOPIE CHACUN DES 4 VERSETS EN ARABE PHONÉTIQUE SANS MODÈLE

1 ____

2 ____

3 ____

4 ____

APPRENDS LA SOURATE AL IKHLAS EN ARABE PHONÉTIQUE

RECOPIE CHACUN DES 4 VERSETS EN ARABE PHONÉTIQUE SANS MODÈLE

1 ____

2 ____

3 ____

4 ____

APPRENDS LA SOURATE AL IKHLAS EN ARABE PHONÉTIQUE

RECOPIE CHACUN DES 4 VERSETS EN ARABE PHONÉTIQUE SANS MODÈLE

1 ____

2 ____

3 ____

4 ____

APPRENDS LA SOURATE AL IKHLAS EN ARABE PHONÉTIQUE

AL IKHLAS

RECOPIE CHACUN DES 4 VERSETS EN ARABE PHONÉTIQUE SANS MODÈLE

1 --

2 --

3 --

4 --

APPRENDS LA SOURATE AL IKHLAS EN ARABE PHONÉTIQUE

RECOPIE CHACUN DES 4 VERSETS EN ARABE PHONÉTIQUE SANS MODÈLE

1 --

2 --

3 --

4 --

SOURATE AL IKHLAS
EN LANGUE ARABE